Lotte Bormuth

PRALINEN FÜR DIE SCHÖNSTE FRAU

Lotte Bormuth

Pralinen für die schönste Frau

francke

Über die Autorin:
Lotte Bormuth ist eine der erfolgreichsten christlichen Autorinnen Deutschlands. In über 80 Buchtiteln spendet sie mit Lebensbildern und eigenen Erlebnissen vielen Menschen Trost, Freude und Glaubensmut. Sie hat fünf Kinder und 15 Enkel und lebt mit ihrem Mann in Marburg.

Bibliografische Information Der Deutschen Bibliothek
Die Deutsche Bibliothek verzeichnet diese Publikation in der Deutschen Nationalbibliografie;
detaillierte bibliografische Daten sind im Internet über http://dnb.ddb.de abrufbar.

ISBN 978-3-86827-191-1

Umschlagbilder: © iStockphoto.com / rothandrus
© iStockphoto.com / Darkcloud
Umschlaggestaltung: Verlag der Francke-Buchhandlung GmbH
Christian Heinritz
Satz: Verlag der Francke-Buchhandlung GmbH
Druck und Bindung: CPI Moravia Books, Pohorelice

www.francke-buch.de

Inhalt

Wir sind ein Volk vom Strom der Zeit

Fünfzehn Jahre war ich alt und hätte eigentlich in meinen jungen Jahren fröhlich sein müssen. Aber mich bekümmerten unsere Armut und das Elend der Flucht. Es war mir oft zumute, als habe ein plötzlicher kalter Reif alle meine Träume von einem schönen Leben zerstört. Wie gerne bin ich früher mit meinem Vater im Einspänner über unsere Ländereien gefahren und habe mich über die wogenden Roggenfelder und den blühenden Raps gefreut. Nun war von all der Herrlichkeit nichts mehr übrig geblieben. Schon als Kinder arbeiteten wir bei den Bauern unseres Dorfes für ein Butterbrot oder ein Stück Kirschkuchen. In einer Küche und einer kleinen Kammer hausten wir als große Familie. Mit allen Fasern meines Herzens sehnte ich mich nach der verlorenen Heimat.

Aber in dieser beängstigenden Situation griff Christus ein. Ich wurde zu einer Freizeit eingeladen. Schon bald spürte ich, dass diese jungen Menschen ein Ziel in ihrem Leben hatten, das mir fehlte. Sie waren in ihrem Glauben so fröhlich und unbekümmert. Die Frage brach in mir auf: Was muss ich tun, dass ich einen Sinn in meinem Dasein finde? Es war ein altes Seemannslied, das früher oft gesungen wurde, wenn ein Matrose in den Wogen des Meeres bestattet wurde, das mir Antwort auf mein Ringen um Halt gab:

„Wir sind ein Volk vom Strom der Zeit
gespült ans Erdeneiland,
voll Kummer und voll Herzeleid,
bis heim uns holt der Heiland.
Das Vaterhaus ist immer nah,
wie wechselnd auch die Lose.“

Refrain:
„Es ist das Kreuz von Golgatha
Heimat für Heimatlose.“

Besonders der Refrain hatte es mir angetan. Nun wusste ich, wo ich Geborgenheit und Trost finden konnte. Jesus wurde in der Stunde meiner Hinwendung zu ihm mein bester Freund. Auf dem Hügel Golgatha hat er seine Liebe zu mir bewiesen. Seitdem ist das Kreuz mein Zufluchtsort. Dort finde ich meine eigentliche Heimat, die mir kein Mensch rauben kann.

Vor Kurzem erhielt ich ein größeres Paket. Darin war ein Wandspruch mit diesem Refrain eingepackt. Ein Ehepaar, das ins Altenheim überwechselte, musste sich von verschiedenen Gegenständen trennen. Da dachten die beiden lieben Alten an mich und bereiteten mir damit eine tiefe Freude. Dieses Bild hat in meinem Wohnzimmer einen Ehrenplatz gefunden und erinnert mich täglich daran, dass ich bei Jesus immer zu Hause sein darf. Etwas Schöneres gibt es nicht.

Muttertag

Heute ist Muttertag, und ich habe keine Mutter mehr, der ich zu ihrem Fest gratulieren könnte. Mich umfängt eine seltsame, wehmütige Rührung, ja ich werde fast traurig darüber. Den Einsatz, die Hingabe, die Mutter für mich erbracht hat, begreife ich erst jetzt richtig. *Oh Mutter, was hast du alles für mich getan!* Wir waren 1945 auf der Flucht vor den russischen Panzern. Immer näher rückten sie, und wir hörten schon die donnernden Kanonenschüsse hinter uns. Ich saß auf dem offenen Kastenwagen und wurde zudem von einem schrecklichen Juckreiz geplagt. Mutter schaute sich meine Hände an und wusste sofort: „Lottchen, du hast dir die Krätze eingehandelt." Was unternahm sie alles, um mir eine heilende Arznei zu verschaffen. Bei jeder kürzeren Rast machte sie sich auf die Suche nach Medizin. Sie brauchte nur eine Diakonissenhaube von Weitem zu sehen, und schon eilte sie zu der Schwester und bat um Hilfe für mich. Sie bettelte auch Soldaten an. Und wirklich, ein Stabsarzt, der sich mit seiner Truppe auf dem Rückzug befand, gab ihr eine Salbe. Und schon bald ging es mir besser. *Danke, Mutter, du hast in deinem Suchen nicht nachgelassen!*

In den ersten Wochen der Flucht saßen wir Tag und Nacht auf dem Wagen. „Westwärts, nur immer westwärts!“, hieß die Devise. „Nur nicht auf der Straße von den Kettenfahrzeugen des Feindes zermalmt werden.“ Später suchten wir ein Lager für die Nacht auf, wo wir unsere müden Glieder ausstrecken konnten. Meist waren es Schulen, deren Klassenräume mit Strohsäcken ausgestattet waren. Leider fingen wir uns in diesen Massenquartieren lästige kleine Tierchen ein. Dann ging am Abend die entsetzliche langweilige Kämmerei los, obwohl Mutter ja auch sehr müde war. Wo sie den Läusekamm aufgetrieben hatte, kann ich nicht sagen. Aber der Reihe nach wurden wir drei Mädchen mit unseren langen Zöpfen gekämmt. Der Erfolg stellte sich bald ein und ich höre noch heute das Knacken auf dem Kamm, wenn mit dem Daumen diesen lästigen Bewohnern der Garaus gemacht wurde. Einmal rieb uns Mutter auch den Kopf mit einer Petroleumlösung ein. Sie war sehr ätzend, aber diese Pferdekur half. Wir wurden die quälenden Viecher los. Fortan schliefen wir über Nacht lieber in einem Kuhstall als in einer Schule. Ein Bund Stroh war dann unser weiches Bett. *Danke, Mutter, für die Befreiung von den Läusen, auch wenn ich die Prozedur als sehr schrecklich empfunden habe!*

Von Mutter habe ich auch das Stricken gelernt. Wie gemütlich war es an den langen Winterabenden. Wir drei Mädchen schliefen in der Küche in einem Bett, das uns tagsüber als Sitzgelegenheit diente. Meist strickten wir Strümpfe oder Pullover. Vater saß bei uns und erzählte uns die spannendsten Geschichten aus seinem Leben. Wir besaßen kein Radio, keinen Fernseher oder eine Zeitung, und doch war es uns nicht langweilig, wenn unsere Eltern mit uns am warmen Herd hockten und wir die Stricknadeln hin und her bewegten. Stolz trugen wir dann unsere selbst gestrickten Pullover. *Danke, Mutter, du hast nie den Mut mit mir verloren, auch wenn mir die Maschen von der Nadel fielen! Du hast mir meine sonst armselige Kindheit hell und schön gemacht!*

Mit Traurigkeit muss ich auch an die Jahre 1945 und 1946 denken, als wir fast verhungert wären. Einmal waren uns die Lebensmittelkarten gestohlen worden, und ersetzt wurden sie uns nicht. Das kam beinahe einem Todesurteil gleich. Wir waren eine große Familie. Nun war Betteln bei den Bauern angesagt. Darin entwickelte ich ein besonderes Geschick und war sehr erfolgreich. Selten wurde ich von den Bauern vom Hof gejagt. Ich war ja auch spindeldürr oder, wie man bei uns in Bessarabien sagte, „ein reppiges Huhn". Wie weh musste es Mutter getan haben, dass sie uns statt eines Pausenbrotes nur drei kleine Pellkartoffeln in den Ranzen packen konnte.

Danke, Mutter, dass dein Herz ein Stück für mich geblutet hat!

Als ich 1957 heiratete, traf einmal ganz überraschend ein riesiges Paket bei uns ein. Kissen und Bettwäsche waren darin – herrlich mit roten Bändern verziert. Als Studenten waren mein Mann und ich damals arm wie eine Kirchenmaus. So war unsere Freude überwältigend. Mutter war gerade in dieser Zeit vom Bürgermeister des Dorfes eine Arbeit angetragen worden. Sie sollte den Gemeindeziegenbock versorgen. Das war keine schwere Arbeit, aber eine recht stinkende. Sie sagte zu und versorgte den störrischen

Bock aufs Beste. 50 DM hatte sie sich damit im Monat verdient. Sie war sich nicht zu schade, als Frau eines Professors diesen Dienst zu tun. Durch den Zweiten Weltkrieg hatte Vater seine Stellung als Direktor eines landwirtschaftlichen Instituts verloren. So war Mutter froh, wenn sie mit Aufgaben jeglicher Art etwas verdienen konnte. Wir kamen dadurch in den Genuss ihres Fleißes. Früh lehrte sie mich: Arbeit schändet nicht, ganz gleich, wie gering sie auch sei. *Danke, Mutter, für dein Vorbild!* Von diesem Bockgeld kaufte sie uns die Bettwäsche.

Ich könnte weiter Beispiel an Beispiel reihen und frage mich im Stillen: Habe ich ihr für ihre Liebe auch recht gedankt? Sicher nicht. Heute bin ich selbst Mutter von fünf Kindern. Fünf Schwiegerkinder und 15 Enkel gehören noch zu unserer Sippe. Meine Bitte zu Gott an diesem Muttertag ist: „Herr, mach mich zu einer Mutter und Großmutter, wie sie uns im 31. Kapitel der Sprüche Salomos geschildert wird. Zwei Verse will ich daraus zitieren:

„Lieblich und schön sein ist nichts; eine Frau, die den Herrn fürchtet, soll man loben. Sie wird gerühmt werden von den Früchten ihrer Hände, und ihre Werke werden sie loben in den Toren."

Fest umklammert

„Meine Mutter möchte ich am liebsten in die Wüste verbannen“, erzählte mir Ingrid. „Sie zerstört mein Leben und bedroht den Zusammenhalt der Familie. In den letzten zehn Jahren nach dem Tod meines Vaters hat sich die Lage zugespitzt. Es mag sein, dass sie unter Verlustängsten leidet. Jetzt ist sie 83 Jahre alt, aber es geht ihr gut und sie ist kerngesund. Jedenfalls hat mir das ein Arzt gesagt, als ich sie aus der Klinik abholte. Wir wollten in den Urlaub nach Korsika fahren, aber daraus wurde nichts. Der Anruf von Mutter versetzte mich in Angst. ‚Ingrid, komm schnell, ich glaube, ich kriege einen Herzinfarkt. Meine linke Brusthälfte schmerzt und ich habe heftige Atembeschwerden.‘ Mit einem Notarztwagen ließ ich sie ins Krankenhaus bringen. Wir sagten natürlich den Urlaub ab. Nach mehreren gründlichen Untersuchungen wurde sie wieder entlassen. Die Aussage des Arztes verblüffte mich: ‚Ihrer Mutter geht es gut. Ihr Herz schlägt so kräftig wie das eines Vierzigjährigen.‘ Dann war Mutter also gar nicht krank, und ich ärgerte mich, dass wir auf unsere so nötige Erholung verzichtet hatten. Mein Mann hatte große Mühe, mich wieder zu beruhigen.

Einmal wollten wir zehn Tage auf der herrlichen Insel Rügen verbringen. Wer schon einmal in der Ostsee gebadet hat, den wird es immer wieder dahin ziehen. Rügen ist traumhaft schön, besonders der kilometerlange Strand von Binz. Ein Telefonruf schreckte uns auf: ‚Ihre Mutter ist die Kellertreppe hinuntergestürzt. Ich habe soeben den Arzt benachrichtigt und bleibe so lange bei ihr, bis er kommt', teilte uns eine Nachbarin mit. Wir packten sofort die Koffer und reisten zwei Stunden später ab. Hätte ich doch nur den Besuch des Hausarztes abgewartet. Wieder wurde ich zornig, als er uns sagte: ‚Ihrer Mutter fehlt nichts. Ich habe nicht einen einzigen blauen Flecken an ihrem Körper entdecken können.' Mutter hat uns schon mehrere Urlaubspläne verdorben, und ich wundere mich über meinen Mann, dass er darüber nicht ausrastet.

Über Ostern nahmen wir an einer Glaubenskonferenz in Mainz teil, und schon wieder wurden wir von der Polizei benachrichtigt. Wir sollten sofort nach Hause kommen.

Unsere Mutter sei auf der Straße zusammengebrochen. Passanten hätten den Notarzt alarmiert. Sie liege jetzt in der Uniklinik in Freiburg. Was war nun wahr, und was war Schikane?, fragte ich mich. Wir eilten zu ihr, waren aber diesmal sehr skeptisch. Man sagte uns in der Klinik: ‚Ihrer Mutter geht es gut, sie hat mit ihren 83 Jahren das Herz eines jungen Mannes. Ihre Krankheit fällt in den psychiatrischen Bereich. Ich will nicht vorschnell eine Diagnose äußern, aber ich vermute, Ihre Mutter ist hochgradig hysterisch.'"

Ich unterbrach das Gespräch und fragte Ingrid: „Wie war das Verhalten Ihrer Mutter in früheren Jahren?"

„Na ja, gut war unsere Beziehung nur in der Kindheit. Die Probleme fingen an, als ich meinen ersten Freund mit nach Hause brachte. Ich bekam zu hören: ‚Mein Kind, du bist noch viel zu jung. Vertrau nur nicht den jungen Männern, sie meinen es nicht aufrichtig mit dir. Lass die Finger von Klaus.' Wie konnte Mutter nur so reden? Nach einer kurzen ersten Begegnung kann man doch nicht ein so niederschmetterndes Urteil fällen. Klaus war Student in Basel, und im Bibelkreis der Studentenmission waren wir uns begegnet. Es war eine wunderschöne Zeit. Auf langen Spaziergängen lernten wir uns immer besser kennen und hatten uns viel zu erzählen. Er warb um mich, und nach reiflicher Überlegung wurde uns klar: Wir beide gehören zusammen. Gott hat uns füreinander bestimmt. Diese Entscheidung war die beste in meinem Leben, und im nächsten Jahr werden wir silberne Hochzeit feiern. Eine Tochter wurde uns geschenkt, und wir wären die glücklichste Familie, wenn Mutter uns nicht ständig die Suppe versalzen würde.

Den größten Konflikt mit Mutter erlebten wir, als mein Schwiegervater in Kanada verstarb und Oma Erna nach Deutschland zurückkehren wollte. Es passte alles so wunderbar, denn unsere Souterrainwohnung wurde frei. Der Umzug war schon geplant. Aber daraus wurde nichts. Als wir meiner Mutter erzählten, dass wir Oma Erna aufnehmen wollten, war bei uns die Hölle los. „Ingrid, das kommt überhaupt nicht in Frage. Das geht auf die Dauer nicht gut. Du kennst deine Schwiegermutter gar nicht. Ihr werdet nur Krach miteinander haben. Wenn ihr euch meiner Forderung widersetzt, will ich auf der Stelle meine 40000 DM wiederhaben, die ich euch zum Ausbau des Untergeschosses gegeben habe. Im Grunde ist es ja meine Wohnung. Ich war damals eine dumme Gans, dass ich diese Souterrainwohnung nicht im Grundbuch auf meinen Namen habe eintragen lassen. Hört ihr nicht auf mich, dann ist das Tischtuch zwischen uns zerschnitten. Das ist mein letztes Wort.' Damit schlug sie unsere Haustür zu. Mein Mann und ich waren von ihrem Auftritt schockiert. Wir hatten alles so wunderbar organisiert, und nun zerschlug meine Mutter sämtliche Pläne. Wir wollten es natürlich nicht mit ihr verderben. Sie war doch meine Mutter, und ich ihr einziges Kind. So fassten wir den Entschluss, für Oma Erna einen Heimplatz ganz in unserer Nähe zu suchen. Er war sehr teuer und wir mussten monatlich eine Zuzahlung leisten. Aber wir sahen keinen anderen Weg. Natürlich war meine Schwiegermutter über diese Entscheidung sehr enttäuscht. Aber sie hatte im Augenblick keine andere Wahl und zog in ein Appartement in der Seniorenresidenz ein. Wohl hat sie sich hier nicht gefühlt. Oma Erna fing dann kurz danach an zu kränkeln. Das

Heimweh setzte ihr arg zu. Es dauerte noch kein Dreivierteljahr, und wir mussten sie zu Grabe tragen. An ihrem Tod fühle ich mich bis heute schuldig. Nie und nimmer hätten wir so handeln dürfen. Was soll ich nur tun, Frau Bormuth? Ich kann mich meiner Mutter nicht widersetzen. Ich bin ihr hörig. Hinzu kommt, dass sie in ihrem Haus ganz in unserer Nähe wohnt. Jeden Tag muss ich bei ihr anrufen, und oft hat sie verschiedene Aufträge für mich parat. ‚Ingrid, tausch mir den Pullover um, er ist mir zu klein. Bring mir die Schlaftabletten aus der Apotheke mit. Geh zu meiner Putzfrau und sag ihr, sie solle nächste Woche endlich mit dem Hausputz beginnen. Ich kann sie auf dem Handy nicht erreichen, denn es ist ausgeschaltet.' So zwingt sie mich immer, in ihre Wohnung zu kommen, und das geht fast jeden Tag so. Wenn ich erst über ihre Schwelle getreten bin, darf ich vor zwei Stunden nicht wieder nach Hause gehen. ‚Es ist deine Pflicht, dass du dich um mich kümmerst', ermahnt sie mich. Meine Mutter macht uns noch alle fertig. Unsere Tochter, die in Freiburg studiert, will schon gar nicht mehr an Weihnachten nach Hause kommen, denn Großmutter verdirbt ihr jedes Mal das Fest. Mein Mann ist genauso sensibel wie ich, und vor zwei Jahren hat er einen Herzinfarkt erlitten. Dazu hat auch Mutter ihren Teil beigetragen, denn sie mischt sich auch in unsere Ehe ein. Was soll ich bloß tun?"

„Sie haben recht", antwortete ich, „solch eine Mutter müsste man wirklich in die Wüste schicken. Ihre Mutter setzt Sie gewaltig unter Druck, wenn sie Ihnen vorhält: ‚Ingrid, du musst mich lieben. Du willst doch Christ sein und kennst das Gebot der Elternliebe.'"

Ich konnte ihr nur antworten: „In der Bibel steht, wir sollen Vater und Mutter ehren. Dort heißt es nicht, wir sollen sie lieben. Ehren können Sie Ihre Mutter, denn sie hat Ihnen das Leben geschenkt. Das ist das Größte, was sie für Sie getan hat. Aber Sie müssen in Ihrem Glauben stark werden. Ihre Mutter bindet Sie über die Maßen an sich, und diesem Bestreben müssen Sie sich widersetzen. Ihr geht es psychisch nicht gut. Im Grunde brauchte sie eine psychiatrische Behandlung. Aber das wird sie ablehnen. Ihre Mutter flüchtet in Herzbeschwerden, Ohnmachtsanfälle und Stürze. Davon erhofft sie sich einen Krankheitsgewinn. Sie dürfen ihr gar nicht sagen, wann und wohin Sie in den Urlaub fahren. Geben Sie ihr auch keine Telefonnummer, unter der Sie zu erreichen sind. Teilen Sie Ihre Urlaubsadresse einer Freundin oder Nachbarin mit, die Sie dann in dringenden Fällen anrufen kann. Aber das darf Mutter nicht wissen. Wir sollen klug sein wie die Schlangen und ohne Falsch wie die Tauben. Das rät uns die Bibel. Sie dürfen auch nicht bitter gegenüber Ihrer Mutter werden. Ich rate Ihnen: Schicken Sie jeden Tag ein Gebet für Ihre Mutter zum Himmel, auch wenn es Ihnen schwerfallen wird und Sie lieber für einen Eskimo in Grönland oder einen Indianer in Südamerika beten würden. Ein Ziel sollten Sie im Auge haben: Ihre Mutter soll auch in den Himmel kommen. Schenken Sie ihr gute Bücher, holen Sie sie zum Gottesdienst ab, sagen Sie nie ein verletzendes, böses Wort zu ihr, aber treffen Sie klare Abmachungen mit ihr. Sie rufen sie an, wenn Sie es für richtig halten. Sie kommen und gehen, wie Sie es wollen. Am besten ist es, wenn Sie Ihren Mann zu Besuchen mitnehmen. Vielleicht kennen Sie auch Menschen, die Mutter in ihrer Einsamkeit etwas Gesellschaft leisten oder mit ihr spazieren gehen würden. Es gibt noch mehr Menschen, die ihr Gutes tun können. Bitten Sie Gott um viel Weisheit. Sie dürfen von der Hoffnung leben, dass Gott alles recht machen wird."

Einige Monate später rief mich Ingrid wieder an. Sie berichtete mir, dass meine Ratschläge gefruchtet hatten. „Mit einer resoluten Bekannten haben wir ausgemacht, dass sie Mutter regelmäßig besucht. Während wir in diesem Jahr im Urlaub waren, hat sich diese Frau um meine Mutter gekümmert. Diesmal wurden wir nicht wieder aus den Ferien zurückgerufen."

Ich war ein verkommener Kerl

Seit über dreißig Jahren liegt mir das Haus Metanoia in Frankfurt am Herzen. Es ist ein Zentrum, in dem drogensüchtige Jugendliche Hilfe finden und von ihrer Drogensucht clean werden. Ich gehöre zur Mitgliederversammlung und möchte mit meinem Einsatz dazu beitragen, dass Suchtkranke von ihrer „Drogenkarriere" loskommen.

Zwei persönliche Berichte will ich anführen, die im Mitteilungsblatt veröffentlicht wurden.

„Als ich aus dem Sumpf und Morast ins Haus Metanoia kam, fand ich zunächst dort nicht die gesuchte Alternative. Bis dahin war ich gefangen in der Sucht und steckte in sozialer Verwahrlosung. Ich lebte in der Welt des schnellen Geldes und des Rauschgiftes. Alle Stationen von Diebstahl bis Raubüberfall, von Dealen und Hehlerei hatte ich durchgemacht. Mein Streben nach Persönlichkeit, Geld, Liebe, Macht, Besitz brachte mir mehrere Jahre Gefängnis ein. Sucht zerstört das Leben, und der soziale Abstieg bis hin zum Existenzminimum ist vorprogrammiert.

Hinter Gittern öffnete sich mir die Tür zum Rehabilitationszentrum Haus Metanoia und ich habe den Schritt dorthin gewagt. Ich hätte aber auch keine andere Chance gehabt. Alles war dort für mich zuerst nur Zwang, ein Muss, ein oft zu überwindendes Hinnehmen und Annehmen. Dann erlebte ich nach einiger Zeit im Hause Metanoia die Veränderung, die Umgestaltung in meinem Herzen und Bewusstsein. Ich lernte Jesus Christus kennen und fand zum lebendigen Glauben an ihn. Ich erfuhr Vergebung und Erneuerung.

Ich erlebte viel mehr als eine Alternative, ich fand das Leben. Ich bin von Jesus Christus ergriffen worden, das ist der größte Einschnitt in meinem Dasein. Heute, nach zwölfjährigem Suchen nach dem Sinn des Lebens, weiß ich, dass ich ihn in Jesus Christus gefunden habe.

Damals trennte mich mein selbstsüchtiges Leben von Gott und den Menschen. Ich nahm mir einfach, was ich brauchte. Früher wandten sich Menschen von mir ab, heute schenken sie mir ihr Vertrauen, und ich nutze es nicht mehr aus. Das ist für mich eine Veränderung, auf die ich nie zu hoffen wagte. Aber Gott kann."

Ein anderer Gast vom Hause Metanoia erzählt:

„Ein arbeitsscheuer, verkommener Kerl, ein Säufer, Schläger und krimineller Herumtreiber war ich, dem keine Untat und Ausschweifung fremd war und dessen Leben den Stempel ‚hoffnungsloser Fall‘ trug. Welche Chance hat so ein Typ?“, fragte ich mich. „Keine! Keine? Doch, eine einzige: Jesus Christus!

Woher ich das so genau weiß? Nun, ich war so ein Mensch, aber ich bin es nicht mehr.

Viele Jahre lebte ich in der Finsternis, und Gott war für mich ein Ärgernis. Über sieben Jahre kam ich immer wieder in die Teestube Lydiahaus und hörte das Evangelium, aber es ließ mich kalt. Doch eines Tages nahm ich das Angebot an, im Haus Metanoia mit Christen in einer Lebensgemeinschaft zu wohnen, weil ich in meinem Leben keine andere Chance mehr sah. Dort fing ich an, mich mit Gott zu befassen, las in der Bibel und beobachtete das Leben der Mitarbeiter. Ganz besonders interessierten mich Lebensbilder von Menschen, die Erfahrungen mit Jesus gemacht haben. Was war da dran?

Da öffnete Gott mir die Augen für seine

Wirklichkeit und ich übergab Jesus mein Leben. Von da an wurde alles anders. Die Worte der Bibel wurden lebendig, wurden aktuell, sprachen von mir und zu mir. Meine Vergangenheit wurde bereinigt und Gott fing an, mich zu verändern, um einen neuen Menschen aus mir zu machen. Gegen Ende meiner Zeit trat ich ins Berufsleben ein. Etwas später berief mich Gott als Mitarbeiter in die Teestube, die für mich einmal so wegweisend gewesen war."

Diese beiden Ehemaligen haben 1982 und 1980 ihre Therapie erfolgreich beendet und leben seitdem als Christen in Familie und Beruf und sind beheimatet in einer christlichen Gemeinde.

Fatima

„Mein Name ist Fatima, und ich bin Ärztin. In Marburg müsste ich noch einen Kurs besuchen, der meine Weiterbildung bestätigt. Übermorgen würde er beginnen, und trotz eifrigen Suchens habe ich kein Zimmer finden können. Das neue Semester hat gerade begonnen, und so ist es fast unmöglich, etwas Geeignetes zu finden. Noch nicht einmal ein Hotelzimmer ist frei, da gerade ein Kongress in Marburg stattfindet. Mir wurde von Bekannten Ihre Telefonnummer gegeben, weil Sie manchmal Studierenden helfen würden. So hat man es mir zumindest gesagt. Wüssten Sie eine Lösung für mein Problem?"

„Oh, leider ist bei uns jedes Zimmer belegt", sprach ich in den Hörer hinein. „Aber wenn Sie mir Ihre Telefonnummer hinterlassen, werde ich mich in unserem Bekanntenkreis umhören, ob ich etwas für Sie tun kann."

„Das ist recht nett von Ihnen, Frau Bormuth. Vielen Dank!"

Am nächsten Tag war Fatima wieder am Telefon. Ich war aber in meinem Bemühen erfolglos geblieben. Doch diese junge Ärztin erweckte mein Mitgefühl, und so machte ich ihr das Angebot, sie könnte in meinem Arbeitszimmer schlafen, bis sie eine Bleibe gefunden hätte. Darüber war Fatima glücklich.

Es war schon weit nach Mitternacht, als die Ärztin bei uns an der Haustür klingelte und uns sagte: „Ein Taxi hat mich von Frankfurt zu Ihnen gebracht. Deshalb ist es so spät geworden." Der Chauffeur trug ihre beiden bleischweren Koffer herein. Als mein Mann helfen wollte, wehrte sie ab. Aber das Gepäck war wirklich kaum zu bewältigen. Was war wohl darin? Als ich Fatima ins Zimmer führte, war sie sehr zufrieden. „Das ist ja wunderbar. Der Schreibtisch gefällt mir besonders gut. Er wird mir gute Dienste tun. Kontakt zu Ihnen werde ich wohl nicht pflegen können. Ich muss schrecklich viel lernen und komme abends erst recht spät nach Hause."

„Studieren Sie nur eifrig. In einigen Wochen steht ja eine Prüfung an, wie Sie mir sagten."

Etwas verwundert war ich schon über Fatimas Namen und ihr Aussehen. Sie war eine Deutsche, und doch war ihr Gesicht mit reich verzierten Seidentüchern verhangen, die sie als Muslima auswiesen. Aber ich stellte ihr keine Fragen.

Nun war die hübsche, groß gewachsene schlanke Fatima unser Gast. Nach einer Woche – es war ein Sonntag – fragte sie: „Es würde mich doch interessieren, Frau Bormuth, welchen Beruf Sie ausüben. Sie machen mich sehr neugierig. Ich habe selten in einer Wohnung so viele Bücher gesehen wie bei Ihnen."

„Ich bin Hausfrau, aber in meiner Freizeit schreibe ich Bücher: Biografien, Erzählungen und Kurzgeschichten. Mein Mann ist Theologe und arbeitet als Dozent im Diakonieverband. Er unterrichtet junge Menschen im Marburger Bibelseminar und lehrt im Predigerseminar Kirchengeschichte, Altes Testament und Dogmatik."

„Ach, damit hängt Ihr Reichtum an Büchern zusammen. Aber glauben Sie wirklich noch an Gott? Das Christentum hat doch längst abgewirtschaftet. Andere Religionen sind im Vormarsch. Aus diesem Grund bin ich auch Muslima geworden. Warum hat Gott den Holocaust zugelassen? Wenn er wirklich der Herrscher über das Universum wäre, hätte er dann nicht die Macht gehabt, die Ermordung von sechs Millionen Juden zu verhindern?“

„Ach“, unterbrach ich das Gespräch, „wollen Sie die Gräueltaten der Nazis etwa Gott in die Schuhe schieben? Er hat uns Menschen nicht als Marionetten geschaffen, die er nur an Fäden zieht und als Puppen tanzen lässt. Nein, Gott hat uns Verstand und Verantwortungsbewusstsein geschenkt, und für unser Tun müssen wir geradestehen.“

„Und wie beurteilen Sie dann das Handeln der Amerikaner, die das World Trade Center mit Sprengstoff angefüllt haben und das Unglück den Moslems zuschreiben? Über 3000 Tote gab es bei dem Einsturz. Die Wahrheit wird total verdreht, und die Medien spielen dabei mit, indem sie solche Lügen verbreiten.“

„Na, so etwas Unsinniges habe ich ja noch nie gehört“, redete ich dazwischen. „Amerika soll seine eigenen Hochhäuser in die Luft sprengen, nur damit man den Moslems eine Gräueltat anrechnen kann? Niemals.“

„Und haben nicht auch schon früher Christen im Namen Gottes Kreuzzüge geführt? Ich denke an das Morden während dieser Kämpfe“, bedrängte mich Fatima.

„Jetzt tischen Sie mir alte Geschichten auf, die zwar angeblich im Namen des Christentums geschehen sind, aber durch solche kriegerischen Aktionen haben die Mächtigen den Namen Gottes missbraucht. Am Reden Jesu müssen wir uns orientieren. Seine Lehre ist doch: Lieben, heilen und retten. Mit anderen, die unter Not leiden, sollen wir unsere Habe teilen. Lesen Sie einmal die Bergpredigt in Matthäus 5-7 im Neuen Testament. Darin finden Sie die Vorgaben Jesu, die er seinen Jüngern befiehlt und die sie einhalten sollen. Wir sind nicht zum Hass bestimmt, sondern zur Liebe und Versöhnung."

„Frau Bormuth, heute ist es in der Welt nicht viel anders als früher. Wir Moslems werden sogar im liberalen Deutschland diskriminiert und ausgegrenzt. Wir leiden unter falschen Beschuldigungen. So erschienen zum Beispiel vor sechs Wochen zwanzig Polizisten in meiner Wohnung und durchsuchten alles. Sogar meine Kinder wurden aus dem Schlaf gerissen, und ihre Matratzen wurden auf den Kopf gestellt. Nur weil ich als Deutsche zum moslemischen Glauben übergetreten bin, bin ich doch nicht gleich verdächtig. Meine Familie gehört keiner terroristischen Vereinigung an. Ich wüsste nur zu gerne, wer mich bei der Polizei angeschwärzt hat. Bei uns im Islam sind solche Gewaltaktionen nicht möglich."

„Wie können Sie nur so etwas behaupten", fiel ich Fatima ins Wort. „Gerade vor acht Wochen wurde Frau Susanne Geske zur Witwe, weil fanatische Moslems ihren Mann und noch zwei Mitarbeiter in der Türkei mit unzähligen Messerstichen regelrecht abgeschlachtet haben."

„Davon ist mir nichts bekannt", entgegnete mir Fatima und zuckte mit den Schultern.

„Haben Sie denn keine Nachrichten gehört? Diese Meldung von dem schrecklichen Mord wurde in der ganzen Welt verbreitet. Und wie halten es denn die Moslems mit den christlichen Kirchen? Wie viele wurden gerade in letzter Zeit niedergebrannt? Christliche Schulen sind zerstört worden, und sogar Kinder hat man hingerichtet. In islamischen Ländern dürfen keine Gotteshäuser gebaut werden. In Deutschland aber sind schon eine Reihe großer Moscheen errichtet worden. Und steht nicht im Koran, dass ein Moslem, der zum christlichen Glauben übertritt, mit seinem Tod rechnen muss? Aber nun will ich nicht länger mit Ihnen diskutieren. Mir ist es vielmehr ein Anliegen, Ihnen zu sagen, wie ich Christ geworden bin. Jesus trat in mein Leben. Er ist mein bester Freund. Zu ihm kann ich in jeder Lage rufen, ja sogar schreien, wenn mir das Wasser bis zum Hals steht. Mit Christus kann ich auch meine Freude teilen, und sie wird dadurch noch vermehrt. Meine glückliche Ehe – wir sind schon über 50 Jahre verheiratet – meine fünf Kinder und meine 15 Enkel geben mir viel Anlass zur Freude. Ohne meinen Herrn Christus wäre ich arm dran und hätte keine Hoffnung. Jesus ist mir nicht nur ein starker Heiland in dieser Welt, sondern bietet mir auch über den Tod hinaus Heimat und Geborgenheit in seiner neuen Welt. Er ist selbst von den Toten auferstanden und lebt. Allen, die an ihn glauben, will er ewiges Leben geben und sie in seine Herrlichkeit führen."

„Hören Sie auf, Frau Bormuth, ich sehe schon, Sie wollen mich bekehren. Aber dazu wird es nicht kommen."

„Bekehren will ich niemanden. Diesen Akt der Hinwendung zu Gott hat sich Christus selbst vorbehalten. Aber ich darf Ihnen doch an meinem Glück und an meiner Freude

Anteil geben. Jesus will ich mein Leben lang gehören und ihm auch dienen."

„Na ja, etwas davon habe ich ja selbst kennengelernt. Ich war schon überrascht, dass Sie mich bei sich aufgenommen haben, ohne mich zu kennen. Ich lebe hier in Ihrer Wohnung, als gehörte ich zu Ihrer Familie: Ich schlafe in Ihrem Bett, koche auf Ihrem Herd und teile mit Ihnen das wunderschöne Bad. Dafür bin ich Ihnen auch dankbar, aber trotzdem trennen uns Welten voneinander. So, nun muss ich mich wieder an meine Bücher setzen."

Wir beendeten das Gespräch. Ich fragte mich, wie Fatima es wohl verkraftet, bei Christen zu wohnen. Dabei ahnte ich schon, dass sie es nicht allzu lange bei uns aushalten würde. Schon am nächsten Tag teilte sie mir mit: „Frau Bormuth, ich habe direkt in Marburg ein Appartement gefunden und lasse im Laufe des Tages mein Gepäck holen."

Mir aber bleibt das Gebet für Fatima. Ein Vierteljahr später rief mich die Ärztin noch einmal an, teilte mir mit, dass sie ihren Kurs erfolgreich beendet habe, und bedankte sich für unsere Gastfreundschaft. Wie wird das Leben mit Fatima weitergehen?

Eine Begegnung auf dem Kliniksflur

Endlich konnte ich mein Krankenbett verlassen und mit einem Rollator im Gang auf und ab fahren. Ich hatte mir die Hüfte gebrochen, und nun war es so weit, dass ich aus dem engen Krankenzimmer hinaus in den weiten Flur gehen konnte. An der großen Flügeltür, die zum Balkon führte, standen zwei Stühle. Dort hatte ich es mir bequem gemacht. Weit konnte ich bis zur Stadt hinuntersehen und die Menschen beobachten. Plötzlich trat eine Frau auf mich zu.

„Darf ich mich zu Ihnen setzen?“

„Natürlich, die Stühle hier sind sogar wunderbar gepolstert.“ Nun schaute mich die Dame durchdringend an. „Sind Sie nicht Frau Bormuth? Ich kenne Sie doch. Unsere Töchter haben zusammen die Volksschule besucht und waren anschließend in einer Klasse im Gymnasium.“

Allmählich dämmerte es mir, wer mein Gegenüber war. Über 40 Jahre hatten wir uns nicht gesehen und die Erinnerung an unsere erste Begegnung damals stimmte mich nicht gerade fröhlich. Wir waren neu in diesen Ort gezogen und ich wollte mich gerne in den Dienst Jesu stellen lassen. Gesucht wurden Gemeindeglieder, die alle 14 Tage christliche Traktate in die Häuser bringen sollten. Mein Bezirk umfasste etwa 40 Blätter, die ich zu verteilen hatte. Es war der erste Ostertag, und so machte ich mich mit meinen beiden Kindern auf den Weg. Ich war damals noch sehr jung. Mutig klingelte ich an den Haustüren, wünschte meinen Blattlesern ein fröhliches, gesegnetes Osterfest und drückte ihnen ein Blatt mit der frohen Botschaft über die Auferstehung Jesu in die Hand. Gibt es etwas Schöneres, als Menschen mit dem Evangelium bekannt zu machen? Jesus lebt. Er ist auferstanden. Das ist das Wunderbarste, das unser Herz erfreuen kann. Dem Tod ist die Macht genommen und wir dürfen auf Gottes neue, herrliche Welt hoffen.

Aber dann kam ich in die Pyrmonter Straße 24. Als ich klingelte, wurde ich nicht gerade freundlich empfangen. Eine vornehme Dame fuhr mich heftig an: „Wie können Sie mich nur an solch einem hohen Fest herausläuten? Wir sitzen gerade mit unseren Besuchern am Kaffeetisch. Bitte, unterstehen Sie sich bloß nicht mehr, mich noch einmal wegen eines Traktates zu stören. Wenn Sie es unbedingt loswerden wollen, dann werfen Sie es in Zukunft in den Briefkasten."

Wie ein begossener Pudel stand ich am Gartentor. Meine beiden Kleinen hatten sich eng an mich gedrückt, denn das merkten auch sie, dass Frau Schmidt laut mit mir schimpfte. Ich war niedergeschlagen. Dieses Osterfest war mir sowieso nicht leicht gefallen. Mein Mann war schon am Gründonnerstag zu einer Konferenz abgereist, und ich war über die Feiertage allein mit meinen kleinen Kindern zurückgeblieben. Ich wusste, mein Mann muss das Evangelium verkündigen. Dazu hat ihn Gott berufen, und ich hatte auch ein Ja dazu, dass unsere Sonn- und Festtage anders aussahen als sonst in einer Familie. Doch jetzt überkam mich starkes Selbstmitleid. Dieses elende Gefühl raubte mir die Freude am Osterglauben. Die noch verbleibenden Traktate warf ich nun in die Briefkästen. Ich hatte den Mut verloren, meinen Blattlesern fröhliche Ostern zu wünschen und mit ihnen ins Gespräch zu kommen. So trottete ich mit Gottfried und Anne-Ruth an der Hand missmutig die Straßen auf und ab. Mir liefen sogar einige Tränen über die Wangen, denn ich war es nicht gewohnt, dass man mich so anfuhr.

Zu Hause fand ich aber recht schnell mein Gleichgewicht wieder. Frau Schmidt war sogar überrascht, als sie mir im nächsten Jahr bei der Einschulung der Erstklässler begegnete. Wir begrüßten uns, aber ein weiteres Gespräch kam zwischen uns nicht in Gang. Mit der Zeit aber fanden wir mehr Worte füreinander, zumal sich ihre Tochter mit unserer Anne-Ruth angefreundet hatte und sie sogar auf einer Bank saßen.

Nun aber war seit unserer ersten Begegnung viel Wasser die Lahn hinuntergeflossen. Frau Schmidt war erst heute in die Klinik eingeliefert worden. Am anderen Tag stand ihr eine größere Operation bevor. Auch wenn sie betonte, dass sie sich keine allzu großen Sorgen machte, spürte man ihr doch die Angst ab. Ihr Mann war vor einem Jahr verstorben und ihre Kinder wohnten weit weg in Norddeutschland. So war sie in dieser Situation sehr allein. Sie hatte mir viel zu erzählen. Vor allen Dingen war sie über den Tod ihres Gatten noch nicht zur Ruhe gekommen. Ich hörte ihr still zu, und das war sicher das Beste, was ich in dieser Lage tun konnte. Nur ab und zu streute ich ein tröstendes Wort ein. Aus meiner Tasche holte ich eine wunderschöne Spruchkarte. Sie zeigte die bewahrende Hand Gottes, die ein zartes, kleines Kind umschloss. Der dazu gehörige Bibelvers war dem Psalm 91 entnommen: „Gott hat seinen Engeln befohlen über dir, dass sie dich behüten auf allen deinen Wegen, dass sie dich auf Händen tragen und du deinen Fuß nicht an einem Stein stoßest." Ich versprach meiner Mitpatientin, dass ich sie mit meinen Gebeten begleiten würde, wenn sie operiert würde, und verabschiedete mich von ihr.

„Danke, Frau Bormuth, vielen Dank! Es war schön, dass wir uns hier getroffen haben."

Ich aber war über diese Begegnung nach so vielen Jahren froh. Es gibt niederdrückende Erfahrungen, die sich bei uns festkrallen und uns dann auch nach vielen Jahren bekümmern. Wie gut, wenn sie mit hilfreichen Gesprächen in ihre Schranken gewiesen werden und wir unserem Nächsten liebevoll begegnen können.

ProChrist in der Pfarrscheune

Marianne war die Jüngste in unserer Freizeitgruppe. Aus diesem Grund nahm ich mich ihrer in besonderer Weise an, damit sie sich unter uns Älteren wohlfühlen sollte. Aber schon gleich am nächsten Tag nach der Bibelarbeit sprach sie mich an: „Darf ich zu Ihnen kommen? Ich müsste mit Ihnen reden.“ Und so saßen wir uns am Nachmittag gegenüber. Es fiel ihr äußerst schwer, bis ihr die Worte über die Lippen kamen. Meist weinte sie nur. Auf ihrem geschminkten Gesicht verlief das Make-up und hinterließ zwei schwarze Spuren. Ein ganzes Päckchen Tempotaschentücher verbrauchte sie, um sich das Nass aus den Augen zu wischen.

„Ich habe Zeit, viel Zeit für Sie“, ermutigte ich sie zum Sprechen. Stockend kamen dann die ersten Wortfetzen über ihre Lippen. „Ich stehe vor einem großen Berg von Scherben. Bei mir ist viel in die Brüche gegangen, und ich bin verzweifelt. Mein Mann hat mich verlassen und ich sitze nun allein in unserem schönen, großen Haus. Günter hat sich ein Zimmer in seinem Büro eingerichtet und schläft nun dort. Ich liege allein im Ehebett unseres Schlafzimmers, das wir uns erst vor Kurzem neu gekauft haben. Unser Sohn Jens studiert in Leipzig Medizin, und Sandra wohnt bei ihrer Großmutter in Berlin. Dort hat sie eine Ausbildung bei der Dresdner Bank begonnen. Allein bin ich, mutterseelenallein. Was habe ich nur mit meiner Eifersucht und meinem zänkischen Wesen angerichtet! Damit habe ich mein Glück zerstört. Ich bin oft so verzweifelt, dass ich schon dreimal einen Selbstmordversuch unternommen habe. Die Schlaftabletten aber waren nicht stark genug, und das Schnippeln an den Pulsadern ging daneben. Als mich meine Mutter halbtot in meinem Blut liegend fand, war sie entsetzt und rief sofort einen Notarzt. So wurde ich wieder ins Leben zurückgeholt. Aber danach war alles schlimmer als zuvor. In unserer Firma, die Fenster herstellt, habe ich die Stelle der Sekretärin inne. Aber seit einem Vierteljahr habe ich keinen Fuß mehr über die Schwelle des Büros gesetzt. Ich bin ein Versager auf der ganzen Linie und sehe keinen Ausweg mehr. Eine Bekannte hat mich zu Ihrer Freizeit eingeladen. Sie hat mir viel Mut gemacht. Und nun bin ich hier, aber ich kann nur weinen.“ Dabei zog sie schon wieder das nächste Taschentuch aus der Hülle.

Still hörte ich zu, und Marianne redete sich ihr Leid von der Seele. Das Gesicht in beiden Händen vergraben, saß sie vor mir. Ich schwieg zunächst auch. Aber nach einem Stoßgebet zum Himmel mit der Bitte um die rechten Worte sprach ich ihr Mut zu: „Sie sind kein Versager. Sie sind Gottes geliebtes Kind. Wunderbar hat er Sie geschaffen, und Sie sind sehr wertvoll in seinen Augen. Er will Ihr himmlischer Vater sein, der Sie aus dem Schlamassel, in dem Sie stecken, herausholen will. Dafür hat er Jesus, seinen geliebten Sohn, für uns Menschen geschickt, damit wir in allen Lagen einen guten Freund und Erlöser an unserer Seite haben. Jesus sagt selbst: ‚Ich bin gekommen, dass sie das Leben und volle Genüge haben sollen.‘ Durch seine Hingabe am Kreuz auf Golgatha hat er uns mit dem Vater im Himmel wieder ausgesöhnt. Alle Sünde will er uns vergeben und unsere Schuld nicht mehr anrechnen.“

Marianne schaute bei diesen Worten auf. Es wurde ein langes, intensives Gespräch, und nach und nach begriff sie in ihrer Bekümmertheit, dass ihr doch in all ihrem Wirrwarr eine Chance verblieben war. Schließlich fragte ich sie, ob sie in die ausgestreckte Hand Jesu einschlagen wolle; denn sie brauche ganz dringend einen guten Freund an ihrer Seite. Nach einem längeren Schweigen kam ein zaghaftes Ja über ihre Lippen. Ich sprach ihr ein Gebet vor, das sie Satz für Satz wiederholte. Wir verharrten dann noch eine gewisse Zeit im Schweigen. Die Liebe Jesu machte Marianne froh. Als sie aufstand und wieder gehen wollte, reichte sie mir die Hand. „Danke, Frau Bormuth. Ich bin also doch kein Loser. Sie haben mir viel Mut gemacht und mir sehr geholfen. Ich will mich zu Christus halten."

Am Abend dieses wunderbaren Tages fuhr ich mit allen Freizeitteilnehmern zu Pro-Christ. Ganz in der Nähe hatte der Pastor die Pfarrscheune zur Verfügung gestellt, sodass die Verkündigung von Ulrich Parzany in dem neu ausgebauten Raum übertragen werden konnte. Die Scheune war brechend voll. Jeder Küchenstuhl, jeder Hocker, jeder Gartensessel wurde hereingetragen. In einer Ecke standen sogar ein kuscheliges Sofa und einige Kinderstühlchen. Es war die beste

Predigt, die ich je von Ulrich Parzany gehört habe. Ergriffen lauschten Jung und Alt seinen Ausführungen. Am Ende seines Vortrags rief der Evangelist in die Menge: „Wer die Botschaft vernommen hat und mit Jesus leben will, der komme nach vorne und trete unter das Kreuz. Mit einem Gebet, das wir zusammen sprechen wollen, kann jeder sein Leben Christus anvertrauen."

Es herrschte atemlose Stille. Auch Marianne erhob sich von ihrem Platz. Nach vorne, wo das Kreuz stand, gab es für sie kein Durchkommen. Wir saßen dicht gedrängt wie die Heringe auf unseren Stühlen. Aber mit ihrem Aufstehen bekundete sie, dass sie fortan mit Jesus leben wollte, und bekräftigte ihr Gebet, das wir am Nachmittag zusammen gesprochen hatten. Sie bewies viel Mut. Nach dem Gottesdienst bahnte ich mir einen Weg zu ihr durch die Menge und nahm sie in die Arme. „Sie sind eine tapfere Frau und haben heute das Schönste erlebt, das Menschen erfahren können. Nun gehen Sie fröhlich Ihren Weg mit Jesus." Auch jetzt flossen ein paar Tränen über ihre Wangen. Aber diesmal waren es Freudentränen. Ich war bewegt von dem Ereignis dieses Tages und freute mich wie die Engel, von denen es in der Bibel heißt: „Es wird Freude sein bei den Engeln Gottes über einen Menschen, der Buße tut und zum Gottessohn heimfindet.“

Trösten, trösten!

„Mutti, was ist deine Hauptaufgabe, wenn du zu Frühstückstreffen, Seniorennachmittagen und Freizeiten unterwegs bist?“, fragte mich meine Tochter einmal. Die Antwort brauchte ich mir nicht lange überlegen. „Trösten und immer wieder trösten.“ Mich erreichen oft Briefe von traurigen, verzagten, schuldig gewordenen Menschen. Nicht jedes Schreiben kann ich beantworten, aber ich nehme mir Zeit für solche Anliegen, die seelsorgerliche Hilfe brauchen. Vor allen Dingen breite ich die Briefe vor Gott aus und bitte ihn um Weisheit, wie ich recht aufrichten und ermutigen kann. Mir ist in dieser Beziehung Hiskia in der Bibel ein wunderbares Beispiel. Er brauchte auch Trost; denn er war schwer erkrankt, und Gott ließ ihm durch den Propheten Jesaja sagen: „Bestelle dein Haus, denn du wirst sterben und nicht lebendig bleiben.“ Ist es da nicht begreiflich, dass der Todeskandidat in seinem Bett das Gesicht zur Wand drehte und verzweifelt war? Aber er suchte in dieser Situation das Gespräch mit seinem himmlischen Vater. Dabei flossen ihm viele Tränen über die Wangen. Er rief Gott in seiner Not an: „Gedenke doch, Herr, wie ich vor dir gewandelt habe in der Wahrheit mit vollkommenem Herzen und habe getan, was dir gefallen hat." Die Antwort auf solches Rufen ist sehr ermutigend: „Ich habe dein Gebet gehört und deine Tränen gesehen. Siehe, ich will deinen Tagen noch 15 Jahre zulegen und will dich samt dieser Stadt erretten von der Hand des Königs von Assyrien." Das Gebet bewegt das Herz Gottes und kann bedrohliche Situationen zum Guten wenden.

Ich kenne meine Briefschreiber meist nicht, aber im Glauben an Christus fühle ich mich mit ihnen verbunden. Manchmal bete ich nur einige Male für den Hilferufenden, manchmal auch über Jahre. So verbringe ich meine wachen Nachtstunden im stillen Gebet.

Von einer Briefschreiberin will ich berichten:

„Liebe Frau Bormuth!

Zurzeit bin ich Gast auf der Langensteinbacher Höhe und lese mit großem Interesse und viel Freude Ihr Buch *Ich habe immer an meine Rettung geglaubt.* Besonders das Kapitel *Mutter* hat mich sehr angesprochen. Meine Mutter wurde am 13. Februar von Gott in seine neue Welt abberufen. Sie schloss ihre Augen in unserem Haus, da sie die letzten 16 Jahre nach dem Tod ihres Mannes bei uns zugebracht hat. In unserer Einliegerwohnung hatte sie es sich recht gemütlich eingerichtet. Was mich aber arg bedrückt, ist die Tatsache, dass ich bei ihrem Sterben nicht bei ihr war. Sie hat den Schritt in die Herrlichkeit zu ihrem himmlischen Vater ganz allein getan. Ich hätte es mir so sehr gewünscht, bis zu ihrem letzten Atemzug ihre Hand zu halten. Zwei Stunden vorher habe ich sie noch versorgt, ihr über die Stirn gestrichen und ihr zugerufen: ‚Der Herr segne dich und behüte dich!' Aber dann bin ich wieder in meine Wohnung gegangen und habe Geburtstagsgeschenke verpackt. Hätte ich dies nicht auch ein anderes Mal tun können? In der schwersten Stunde ihres Lebens habe ich Mutter allein gelassen. Als ich zwei Stunden später wieder an ihrem Bett stand, atmete sie nicht mehr. Ich weiß, meine Mutter war eine gläubige Christin und hat das Ziel ihres Lebens, für immer bei Jesus zu sein, erreicht. Und doch habe ich den wichtigsten Augenblick verpasst.

Als mein Vater vor 17 Jahren starb, saßen meine Mutter, mein Mann und ich an seinem Bett. Es war eine so schöne, geheiligte Atmosphäre. In diesen letzten Stunden sangen wir Vaters Lieblingslied, lasen Psalmen und sprachen Gebete, bis mein Vater bei seinem Gott zu Hause war. So hätte ich es mir auch bei meiner Mutter gewünscht. Dieser Schmerz tut mir sehr weh. Es nützt mir nicht viel, dass mir die Leiterin vom Hospiz sagte: ‚Oft ist es so, dass Sterbende den letzten Schritt allein gehen wollen und damit warten, bis die Angehörigen das Zimmer verlassen haben.' Ich muss mir eingestehen, dass ich an diesem Punkt versagt habe. Mich belastet es auch, dass ich in den letzten Monaten mich nicht öfter einfach ans Bett der Mutter gesetzt habe. Mir war meine Arbeit wichtiger als meine Mutter. Wäre es wirklich so schlimm gewesen, wenn ich meine Fenster die letzten acht Wochen nicht geputzt hätte oder wenn der Flickkorb gefüllt geblieben wäre? Mein Haus und mein Garten waren mir wichtiger als meine Mutter. Wir hätten uns noch so viel zu sagen gehabt. Nun aber schweigt ihr Mund. Mir fehlte es auch an der Liebe und Geduld meiner Mutter gegenüber, und manchmal fiel auch ein ärgerliches, scharfes Wort. Ich fühlte mich zu Hause so sehr angebunden. Mit meiner Schuld kann ich nur zu Gott gehen und um Vergebung bitten. Oft werde ich an den Liedvers erinnert:

‚Sein Kreuz bedeckt meine Schuld,
sein Blut wäscht hell mich und rein.
Mein Wille gehört meinem Gott.
Ich traue auf Jesus allein.‘

So, liebe Frau Bormuth, nun habe ich mir einiges von der Seele geschrieben. Ich danke Ihnen für Ihr Verstehen. Ich danke Ihnen auch für Ihre Bücher. Sie sind so lebensnah und wahr. Schreiben Sie nur weiter.

Liebe Grüße Ihre Christine M."

Ich lege diesen Brief zu der erledigten Post und suche ein Buch aus, das ich meiner Briefpartnerin schicken will. Als Widmung schreibe ich ein Wort aus Jesaja 38,17 hinein: „Siehe, um Trost war mir sehr bange. Du aber, Gott, hast dich meiner Seele herzlich angenommen, dass sie nicht verdürbe;

denn du wirfst alle meine Sünden hinter dich zurück."

Ich begreife neu, welche Gefahren das Leben birgt, wenn besondere Belastungen auf unseren Schultern liegen. Mich quälen die versäumten Gelegenheiten auch schwer. Aber würden Selbstvorwürfe irgendetwas nützen? Nein! Ich flüchte mich lieber in die Arme Jesu und danke ihm für die Vergebung. Ruft er es uns nicht selbst zu: „Kommt her zu mir alle, die ihr mühselig und beladen seid. Ich will euch erquicken!" (Matthäus 11, 28)

Das Zeugnis von Beatrix

Beatrix begegnete mir auf einer Tagung und sie gefiel mir in ihrer liebenswürdigen Art. Es macht mir immer Spaß, mit Menschen in Kontakt zu treten, die mich begeistern können. Außerdem war sie schön anzusehen und ihr Wesen hatte eine besondere Ausstrahlungskraft. Viel hatte sie mir zu erzählen, und schließlich drückte sie mir ein grünes Faltblatt in die Hände mit den Worten: „Bei einem Frauenfrühstück wurde ich gebeten, über mein Leben zu berichten, und ich sagte auch sogleich mit Freuden zu. Was ich mit Gott erlebt habe, versetzt mich in Staunen.

Der 9. November 1989 war der Tag des Mauerfalls in Berlin. Für mich wurde er zu einem Ereignis, bei dem es um Leben und Tod ging. Schwerkrank lag ich in der Klinik, und es war nur dem schnellen Eingreifen der Ärzte zu verdanken, dass ich überlebte. Als ich zu Hause lag und von wahnsinnigen Schmerzen gequält wurde, hätte ich laut schreien mögen. Es war mein Glück, dass mein Sohn zu Hause war. Er hatte gerade erst einen Tag zuvor seinen Führerschein gemacht und war bereit, mich schnellstens in die Klinik zu bringen. Auch wenn ich jammerte, stöhnte und darauf drang, er möge schneller fahren, weil ich die Schmerzen nicht länger aushalten könnte, behielt er die Ruhe und fuhr sehr vorsichtig. So erreichten wir das Stadtkrankenhaus. Dort wurde ich sofort in den Operationssaal geschoben und fast vier Stunden lang operiert. Mein Leben hing an einem seidenen Faden. Zunächst diagnostizierten die Ärzte einen durchgebrochenen Blinddarm. Doch dann erkannten sie, dass eine stark entzündete Zyste die Ursache war. Mein Fieber stieg immer höher, und hilflos lag ich auf der Intensivstation. Nach zwei Tagen wurde ich auf die reguläre Station gebracht und wollte eigentlich ein Einzelzimmer haben. Dies war aber nicht möglich, und das war mein Glück. Meine Bettnachbarin war nämlich eine gläubige Christin. Sie hatte eine wunderbare Ausstrahlung und wurde mir zum Wegweiser auf Jesus. Sie gehörte zur Stadtmission und wurde häufig von Gemeindegliedern besucht. Manchmal sangen sie herrliche Lieder, und ab und an lasen sie auch einen Psalm oder beteten mit ihr. Sie schlossen mich auch immer in ihr Reden mit Gott ein, und das tat mir gut. Wenn die Besucher wieder gehen wollten, traten sie oft auch an mein Bett und drückten mir ein Traktat in die Hand. In unserem Krankenzimmer herrschte eine wunderbare Atmosphäre, die den Frieden Gottes ausstrahlte. Diese Christen erzählten, wie sie durch Jesus in ein neues Leben versetzt wurden. In mir brach ein starkes Verlangen nach der Nähe Gottes auf. So wollte ich auch leben, zugehörig zu der Liebe dieses Heilandes, denn ich hatte erkannt, wie verloren und in Sünden verstrickt ich bisher gelebt hatte. Da war der Streit mit meiner Mutter, die mich mit meinen vierzig Jahren immer noch bevormundete. Sie schaffte es einfach nicht, mich loszulassen. Auch wenn mein Mann mir Mut zusprach, ich solle die Vorwürfe meiner Mutter nicht so ernst nehmen, sie sei nun alt geworden und ich könne sie doch nicht mehr ändern, ärgerte mich ihr Verhalten, und es kam oft zu Auseinandersetzungen mit ihr. Böse Worte rutschten mir über die Lippen, die mir später leidtaten. Wenn ich auch kein ausschweifendes Leben geführt hatte, so wurde mir doch bewusst, dass ich vor Gott nicht in Ordnung war. Gespannt hörte ich einer Besucherin zu, die mir erzählte, wie verdorben ihr Leben gewesen sei, bevor sie den Weg zu Christus gefunden habe. Aber dann sei durch die Hinwendung zum Gottessohn ein Leben der Freude in ihr erwacht. Er hatte ihr alle Schuld vergeben und sie in seine Nachfolge gerufen. Dieses Zeugnis wühlte mich innerlich mächtig auf. In der darauffolgenden Nacht lief mein Leben wie ein Film an mir vorüber und ich erkannte, dass ich ohne diesen Herrn Jesus Christus abgrundtief verloren war. Die alte Frage, die schon Martin Luther umgetrieben hatte, brach in mir auf: ‚Wie finde ich einen gnädigen Gott?' Das war nun auch mein Problem, und am nächsten Morgen fragte ich meine Bettnachbarin: ‚Was muss ich denn tun, dass ich gerettet werde, ich will doch auch zu Jesus kommen.'

Es waren schlichte, aber wohl die wichtigsten Worte, die sie mir sagte: ‚Bitten Sie Jesus aufrichtig um die Vergebung Ihrer Sünden und nehmen Sie den Gottessohn in Ihr Herz auf.' Nie sind mir Worte wichtiger geworden als diese. Ich befolgte sie, und im Gebet übereignete ich Christus mein Leben. Es war erstaunlich, wie ich urplötzlich von einer Freude durchdrungen wurde. Ein tiefer Friede erfüllte mich. Ich war wirklich neu geboren. Diese Heiterkeit meines Glaubens blieb auch den Ärzten und Schwestern nicht verborgen. Sie fragten mich, woher ich denn so viel Zuversicht und Mut gewonnen hätte. Diese innere Erneuerung trug auch ganz wesentlich zu meiner Genesung bei. Schon bald konnte ich aus dem Krankenhaus entlassen werden.

Heute frage ich mich zu Recht, wie ich nur so lange im Irrtum leben und glauben konnte, bei mir sei alles in Ordnung, ich sei ja getauft und konfirmiert, besuche auch ab und zu die Gottesdienste und gehe auch nicht an einem Bettler vorbei, ohne dass ich ihm eine Geldgabe in den Hut werfe. Es war Jesus selbst, der mir die Augen öffnete. Wer zu Gott kommen will, der braucht die innere Heilung durch Jesus Christus. Er liebt mich, er vergibt mir meine Schuld, und mit seinem Leiden und Sterben auf Golgatha hat er mich mit Gott ausgesöhnt. Der Weg zum Himmel ist mir dadurch weit aufgetan.

So habe ich durch meine schwere Erkrankung eine herrliche Gnade gefunden. Meine gläubige Zimmergenossin hat mir die Augen für Jesus geöffnet. Für den Himmel bin ich geboren, und auf der Erde darf ich im Frieden und in der Freude leben. Bei Gott bin ich wertgeachtet. Aus dem Wort der Bibel empfange ich jeden Morgen neue Impulse, die das Feuer der Liebe zu meinem Herrn glühen lassen. Ich brauche nicht an innerer Leere zugrunde zu gehen, sondern darf aus der Fülle der Gnade Gottes schöpfen. Welch ein Glück! Nun bin ich reich, sehr reich sogar, und darf andere Menschen ins Boot Jesu Christi mitnehmen.

Wie heißt es in Johannes 3,16: ‚Also hat Gott die Welt geliebt, dass er seinen eigenen Sohn für uns gab, damit alle, die an ihn glauben, nicht verloren werden, sondern das ewige Leben haben.'"

Vater

Heute Morgen in der Stillen Zeit meiner Andacht hat mich Psalm 30,12 und 13 berührt: „Du hast mir meine Klage verwandelt in einen Reigen; du hast mir den Sack der Trauer ausgezogen und mich mit Freude gegürtet, dass ich dir lobsinge und nicht stille werde. Herr, mein Gott, ich will dir danken in Ewigkeit."

Ich werde an den Tag erinnert, als mich bei meinem Vater die Diagnose Krebs wie ein Keulenschlag traf. Mir war klar, dies könnte seinen Tod bedeuten. Ich war starr vor Entsetzen und fühlte mich innerlich völlig ausgelaugt. Ich konnte noch nicht einmal weinen. Ein langer Weg des Leidens lag vor meinem Vater und auch vor unserer Familie. Ich las, wie ich es seit meiner Jugend gewohnt war, jeden Morgen einen Abschnitt in der Heiligen Schrift, aber ich konnte die Worte innerlich kaum wahrnehmen. Die Traurigkeit vernebelte mir meine Sinne. In dieser Zeit hat mir geholfen, dass eine Freundin zu mir kam und mit mir betete. Außerdem war mein Mann stets an meiner Seite und versuchte, mich zu trösten. Mein Glaube war einer starken Anfechtung ausgesetzt. Das Rufen zu Gott war mir bedrängend geworden. So setzte ich meine Hoffnung allein auf Christus, der mir versprochen hat, mich nicht zu verlassen noch zu versäumen. Aber mein Glaubenslichtlein flackerte bedenklich im kalten Wind der Anfechtung und war nahe daran zu verlöschen. Diese Not dauerte in ihrer Härte zum Glück nur eine kurze Zeit. Ich gewann bald wieder neue Kraft.

Nach der Operation meines Vaters – er litt an Darmkrebs – lebte er noch zwei Jahre, die recht angenehm für ihn waren. Er konnte wieder schwimmen gehen, Holz hacken und die Enkel spazieren fahren. An einem wunderschönen Herbsttag besuchte er uns. Nachmittags unternahm ich mit ihm einen Spaziergang. Am Waldrand setzten wir uns auf eine Bank. Vater war es ein Anliegen, mir Mut und Hoffnung zuzusprechen. Wie wohltuend war sein Arm, den er mir um die Schulter legte. Er erwähnte, wie glücklich ihn unsere Kinderschar mache. Ich spürte aber auch seinen Kummer darüber, dass diese wunderbare Zeit mit seinen Enkeln begrenzt war. Über seinen Tod wollte er nicht mit mir reden, obwohl ich meinte, dies sei unbedingt nötig. Über sein Innerstes hat er nie viel gesagt. Das blieb sein Geheimnis, mich aber bedrückte der Gedanke, ob er wohl Frieden mit Gott habe? Alles andere verblasst angesichts des Todes. Es ist in solcher Situation nicht mehr wichtig, wie hoch die Kredite sind, die abbezahlt werden müssen, ob man im Garten noch zwei Kirschbäumchen anpflanzt oder ob die Dachziegel erneuert werden müssten. Alle diese Vorhaben werden unbedeutend angesichts des harten Zugriffs durch den Tod. Uns war klar, dass Freund Hein, wie ja der Tod im Volksmund genannt wird, schon um unser Haus schlich. Wann würde er durch die Tür eintreten? Mein Vater machte mir in dieser Lage nur klar: „Ich weiß, dass ich Krebs habe; aber diese Krankheit will ich mit allen Mitteln bekämpfen, die mir zur Verfügung stehen." Also schwieg ich und redete nicht weiter vom Sterben, sondern wandte mich frohen Ereignissen zu, obwohl mir dies nicht leichtfiel.

Es vergingen noch einige Wochen, aber dann kam doch Vaters letzter Tag. In der Nacht wachte ich an seinem Bett. Es war schrecklich, zu sehen, welche zerstörerischen

Kräfte der Krebs besitzt. Aus allen Wunden floss Blut und Eiter. Mehrmals bezog ich sein Bett, wusch ihn immer wieder sauber und rieb ihn mit Eau de Cologne ein, um den lästigen Geruch des Eiters zu vertreiben. „Danke, Lotte, vielen Dank!" Dabei drückte er mir die Hand. Ich schüttelte die Kissen auf, netzte seine ausgetrockneten Lippen mit Wasser und legte ihm ein feuchtes Tuch auf die Stirn. Dann saß ich wieder still an seinem Bett und hielt seine Hand. Es ist schon ein sonderbares, wehmütiges Gefühl, zum letzten Mal die warme Hand des Vaters zu verspüren.

Als ich merkte, dass der Todesengel das Haus betreten hatte, weckte ich meine Mutter, meinen Schwager und meinen Mann. Wir lasen Vater den 23. Psalm vor. Welch kräftige Bedeutung gewinnen dann solche Worte: „Und ob ich schon wanderte im finsteren Tal, fürchte ich kein Unglück; denn du, Gott, bist bei mir." Eine bessere Ermutigung gibt es nicht, die man Sterbenden zusprechen kann. Vater nahm Mutter noch einmal in die Arme, gab ihr einen Kuss auf die Stirn und drückte sie fest an sich. Das Sprechen fiel ihm schwer, doch er äußerte: „Wir hatten ein so schönes Familienleben. Aber jetzt muss ich von euch.“ Ich versuchte ihn zu trösten: „Vater, du gehst uns in die Ewigkeit voran. Wir aber wollen auch Glauben halten und das Ziel erreichen.“ Er nickte still, faltete dann seine Hände und betete: „Herr Jesus, schenke du Eintracht und Frieden in der Familie und gib, dass Kinder und Kindeskinder auf deinen Wegen wandeln, und erbarme dich selbst über uns alle. Amen!“ Das waren seine letzten Worte. Ergriffen standen wir um sein Bett, bis der letzte Atemzug ausgehaucht war. Sein Leben war nun vollendet.

Ich will zurückkommen auf den Anfang meiner Geschichte; denn ich erlebte in diesem Augenblick, wie Gott meine Klage in einen Reigen verwandelte. Vater war heimgegangen in die neue Welt Gottes. Zuvor hatte ich meinen Vater in seinem Leben höchstens einige Male ein Tischgebet sprechen hören. Doch in der letzten entscheidenden Stunde hatte er zu Jesus gerufen. Wie heißt es doch in der Bibel: „Wer den Namen des Herrn anrufen wird, der wird errettet werden.“ Den Sack der Traurigkeit zog mir Gott in diesem Augenblick aus und gürtete mich mit Freude. Ich wusste, mein Vater hatte das Ziel seines Lebens, die Herrlichkeit, erreicht. Größeres gibt es nicht. Mir blieb nur der Dank.

Sie sollten lieber Fischer werden

Nein, das war kein guter Tag für den Standesbeamten. Schon bei der Begrüßung war er mir gegenüber recht mürrisch. Wahrscheinlich war er schon müde. Ich weiß auch nicht, was ihm sonst alles an diesem Tag zu schaffen gemacht hatte und welche Laus ihm über die Leber gelaufen war. Nun war ich als Letzte mit meinem Anliegen an der Reihe. Weil mein Vater verstorben war, wurde ich geladen. Ein Erbschein sollte ausgestellt werden. Als der Beamte meine Dokumente zur Hand nahm, verfinsterte sich sein Gesicht. Er wurde ärgerlich. Sie waren in rumänischer Sprache abgefasst. Damit konnte er nichts anfangen. Ich versuchte ihm deutlich zu machen, dass meine Familie aus Bessarabien stammte und dort Rumänisch die Landessprache war. Ich schlug ihm vor, ich könnte ihm das Dokument übersetzen. Da fühlte er sich von mir bevormundet und erklärte: „Wer ist hier der Standesbeamte, Sie oder ich? Reden Sie mir nicht rein, ich muss selbst sehen, was ich hier tun kann. Schließlich bin ich schon über 30 Jahre in diesem Amt."

Also schwieg ich. Neben mir stand mein kleiner Sohn und hörte genau zu, was der ältere Herr zu mir sagte. Längst hatte Daniel bemerkt, dass dieser Bedienstete recht unwirsch mit mir umging. Das passte dem Fünfjährigen überhaupt nicht. Als der Standesbeamte noch entdeckte, dass das Geburtsdatum nicht mit dem Datum im Pass meines Vaters übereinstimmte, begann er zu schimpfen: „Sie wollen mich wohl reinlegen? Bei Ihren Unterlagen stimmt ja auch gar nichts.“ Ich versuchte dem Beamten zu erklären, dass die damals bei uns übliche Zeitrechnung auf dem gregorianischen Kalender basierte. Daher käme die Unstimmigkeit in den Daten. Doch der Beamte fuhr mich an: „Von Ihnen brauche ich keine Belehrungen. Seien Sie still. Heute kann ich Ihnen sowieso den Erbschein nicht ausstellen. Da besteht noch Erklärungsbedarf. Gehen Sie jetzt, und halten Sie mich nicht länger auf!“

Die Art, wie ich behandelt wurde, gefiel Daniel überhaupt nicht. Spontan wandte er sich dem Beamten zu: „Ich glaube, Sie hätten lieber Fischer werden sollen. Das wäre ein guter Beruf für Sie. Sie könnten dann öfter mal einen Zackenbarsch fangen und brauchten sich nicht so viel zu ärgern." Ich musste im Stillen ein Schmunzeln verbergen. Daniel hatte die Konfliktsituation erkannt und wollte schlichtend eingreifen. Dass er gerade den Beruf des Fischers erwähnte, hing mit seinem Geburtstagsgeschenk zusammen. Er hatte nämlich ein Buch über Fische erhalten und war begeistert von der Vielfalt und Schönheit der Meerestiere. Besonders der Zackenbarsch hatte es ihm angetan, vielleicht schon wegen des interessanten Namens.

Der Vorschlag meines Sohnes gewann auch dem Beamten ein Lächeln ab. „Ja, du hast recht. Heute wäre es mir sicher als Fischer besser ergangen. So muss ich mich mit ausländischen Dokumenten herumzuschlagen." Und zu mir gewandt meinte er in versöhnlicherem Ton: „Frau Bormuth, kommen Sie nächste Woche wieder und bringen Sie den kleinen, pfiffigen Kerl wieder mit. Der Junge macht mir Freude."

„Danke, mein kleiner Schatz", musste ich denken, *„du hast mir heute prima beigestanden."*

Cacau – ein großartiger Fußballspieler

Wie sehr habe ich mich gefreut, als zur Fußballeuropameisterschaft hier in Marburg ein Eröffnungsgottesdienst organisiert wurde. Die Veranstalter, zu denen auch unsere Kinder gehörten, hatten die Stadthalle angemietet, und noch wenige Tage vor Beginn schaute meine Tochter bei mir herein: „Mutti, mir wird manchmal ganz mulmig zumute. Wir haben nun im Mitarbeiterkreis alles gut geplant. Aber wird der Abend auch gelingen? Cacau wird kommen. Er gehört in Stuttgart zu den besten Spielern seines Vereins und ist sogar für die Nationalmannschaft bestimmt. Es wäre schrecklich, wenn er vor leeren Stühlen seine Botschaft sagen müsste. Wir haben in allen Schulen dafür geworben und auch in verschiedenen Zeitungen Artikel veröffentlicht. Und doch weiß ich nicht, ob unser Vorhaben gelingt."

Und dann kam der Abend. Ein Bus nach dem anderen rollte heran. Die jungen Leute strömten in Gruppen herbei, und bis kurz vor Beginn war die Stadthalle voll besetzt. Nur ab und an blieb ein Sitzplatz leer. Ich habe mich auch unter die Jugendlichen gemischt und wollte mir diese wunderbare Gelegenheit nicht entgehen lassen, Cacau kennenzulernen. Wie oft habe ich im Gebet diesen evangelistischen Abend Gott ans Herz gelegt, und er schenkte Gelingen. Zunächst spielte eine Band auf. Unsere Enkeltochter hatte für diese Veranstaltung die Moderation übernommen. Ich staunte über Mareike, wie sie unbekümmert fast wie ein Profi am Rednerpult stand und die Gäste auf den Auftritt dieses großartigen, beliebten Fußballspielers vorbereitete.

Als Cacau pünktlich erschien, tobte die Halle. Mit Beifallsstürmen wurde er begrüßt. Begeistert sprach er über Jesus, den Retter in seinem Leben. Es war ihm ein Anliegen, junge Menschen ins Boot Jesu Christi zu ziehen. In bewegenden Worten erzählte er:

„Meine Kindheit stand unter keinem leuchtenden Stern. Ich wurde in eine sehr arme Familie hineingeboren und hatte noch viele Geschwister. Manchmal litten wir Hunger. Mein Vater war ein Trinker. Ich glaube, keiner von euch kann sich vorstellen, wie erbärmlich es hinter den Fenstern eines Alkoholikers aussieht. Wir haben großen Mangel erduldet. Meine Mutter verdingte sich bei reichen Leuten und wusch ihre Wäsche, damit sie mit dem geringen Lohn unsere hungrigen Münder stopfen konnte. Auch wir Kinder wurden dazu angehalten, auf der Straße Zeitungen zu verkaufen oder vornehmen Damen und Herren die Schuhe zu putzen. Ich werde es nie in meinem Leben vergessen, wie sehr ich mich über mein erstes selbst verdientes Geld freute. Wenn ich meiner Mutter die Pesos aushändigte, lobte sie mich, und ich strahlte vor Freude. Nun konnten meine jüngeren Geschwister etwas Gutes zum Essen erwarten.

Meine Leidenschaft aber war das Fußballspiel. Aus Lumpen nähten wir uns einen Ball und kickten ihn auf der Straße so lange hin und her, bis er seinen Geist aufgab. Dann wurde ein neuer Ball angefertigt. In unserer Familie gab es genug Lumpen.

Die Atmosphäre in unserer Hütte aber blieb bedrückend. Vor Vater fürchteten wir uns. Und wenn er betrunken war, rastete er regelrecht aus und schlug uns. Mutter versuchte uns zu schützen. So hat sie manchen Faustschlag abbekommen, der für uns bestimmt war. Lange blieb die elende, häusliche Situation für meine Familie unerträglich. Aber dann erlebte meine Mutter ihre Wiedergeburt. In einer brasilianischen Kirche hörte sie die Botschaft von Jesus Christus und übergab dem Gottessohn ihr Leben. Fortan nahm sie uns mit in die Gemeinde. So wurde einer nach dem andern in unserer Familie Christ. Es gibt nichts Größeres, das einem Menschen widerfahren kann, als in Jesus seinen Herrn zu finden. Christus wurde mein bester Freund. In der Begegnung mit diesem Heiland erlebte ich mein größtes Glück. Das Wort der Bibel sprach mich an. Ich erkannte, welch intensives Interesse er an mir hat, und ich wurde bereit, ihm mein Leben zur Verfügung zu stellen. In unserer Familie zog ein neuer Geist ein. Gewiss, wir blieben arm, aber wir lasen jetzt die Bibel, sangen mit Mutter die Gospelsongs, und eine herrliche Freude im Glauben machte sich breit. Vater hatte uns verlassen und wir atmeten alle auf. Seitdem aber ist es mir ein Bedürfnis, meine Hinwendung zu Jesus ernst zu nehmen. Jesus zu folgen und selbst die frohe Botschaft der Bibel zu verkündigen, ist mir wichtig. Christus ist stets an meiner Seite. Wenn mir bei einem Spiel ein Tor gelingt, dann danke ich meinem Herrn. Habe ich schlecht gespielt, dann kann er mich trösten.

Ich lade euch alle ein, Jesus anzunehmen. Wer einen guten Freund an seiner Seite braucht, der darf hier zu mir auf die Bühne kommen. Ich werde euch den Weg zeigen, wie ihr in die Nachfolge Jesu treten könnt, und werde mit euch beten." Während der Verkündigung herrschte eine große Stille im Saal. Aber jetzt erhoben sich vorne und hinten und in der Mitte des Saales junge Menschen und traten auf die Bühne. Über fünfzig wurden bereit, mit Jesus zu leben. Mir schlug das Herz vor Freude bis zum Halse und ich wurde an das Erweckungslied erinnert:

„Wenn Gottes Winde wehen
vom Thron der Herrlichkeit
und durch die Lande gehen,
dann ist es selge Zeit;
wenn Scharen armer Sünder
entfliehn der ewgen Glut,
dann jauchzen Gottes Kinder
hochauf vor großem Mut."

Auch einer unserer Enkel bekundete, dass er mit Jesus seinen Weg gehen wollte. Dieser Abend wurde für mich zu einem wunderbaren Erleben, und ich lobte Gott in meinem Herzen.

Ein bewegender Brief

Diese wenigen Zeilen, die vor mir liegen, wurden mir anvertraut, um sie in einem meiner Bücher zu veröffentlichen.

So schreibt eine Mutter an die Gideons, das ist eine christliche Organisation, die durch die Verteilung von kostenlosen Bibeln das Evangelium verbreitet, Folgendes:

Ich schreibe diesen Brief mit großer Dankbarkeit und voller Freude. Er ist ein Zeugnis, mit dem ich mich für Ihre wertvolle Arbeit bedanken möchte.

In der Neujahrsnacht 2000 wurde meine Tochter Stephanie auf brutale Weise ermordet. Für meine jüngere Tochter Nadine (damals 14 Jahre alt) und mich war das Leben danach nur noch furchtbar und unerträglich. Wir waren zu der Zeit noch keine Christen. Ich bin seit 1992 alleinerziehend.

Zwei Jahre nach dieser Tat beging Nadine einen Selbstmordversuch, weil sie das Geschehen nicht mehr ertragen konnte. Sie wurde glücklicherweise gerettet, war dann einige Zeit in der Jugendpsychiatrie und begann in ihrer großen seelischen Not sich mit Rasierklingen selbst zu verletzen. Im November 2002 gingen wir beide zu einer Freundin, weil wir am Ende waren und nicht mehr weiter wussten. Sie war eine bewusste Christin, und in einem langen Gespräch versuchte sie uns zu helfen und uns auf die Spur Jesu Christi zu bringen. An dem Tag übergaben Nadine und ich unser Leben in Gottes Hände. Er schickte uns viele liebe Menschen, die gläubig waren und uns in unserer Not beistanden, uns mehr von Jesu Liebe erzählten und mit uns über das Wort der Bibel sprachen. Ein halbes Jahr später entstand bei mir der Wunsch, mich taufen zu lassen. Es ging uns dann von Tag zu Tag und Woche zu Woche besser und ich bekam wieder Lebensmut. Bei Nadine ging die Genesung etwas langsamer vor sich, aber mit der Zeit erholte auch sie sich von der schweren Bedrückung.

Nur eines bewegte mich immer sehr stark: Nadine und ich waren durch Gottes Gnade gerettet, aber wie stand es um Stephanie? Ich dachte: Sie muss auch gerettet sein, sonst hat das alles keinen Sinn. Einmal hatte ich, als ich die evangelische Kirche besuchte, eine

Vision von ihr und wusste: So schön und voller Frieden kann nur jemand aussehen, der ganz nahe bei Gott lebt. Aber die Geschwister meiner neuen Gemeinde sagten mir immer: „Nur wer von Neuem geboren ist, kann das ewige Leben haben."

Es war nun auch erforderlich, endlich ihr Zimmer aufzuräumen. Oft war ich in diesem Raum, hielt ihre Sachen in Händen und dachte an sie. Da fiel mir eines Tages eine kleine Bibel mit einem Kunststoffeinband in die Hände. Da die Kinder zu Schulbeginn und Steffi zum Konfirmandenunterricht zwei Jahre zuvor Bibeln geschenkt bekommen hatten, dachte ich, wir hätten genug Bibeln und so eine wie diese brauchten wir nicht. Aber ich warf sie nicht weg, sondern legte sie in ein Regal im Wohnzimmer. Als ich dann kurz vor meiner Taufe wieder wegen dieser Ungewissheit in ein tiefes Loch fiel, ging ich an das Regal, nahm diese Bibel heraus und schlug sie auf. Heute weiß ich, dass Jesus mich hierbei unsichtbar geführt hat. Ich schlug auf Anhieb die Seite auf, wo folgendes Übergabegebet steht: „Ich bekenne, dass ich ein Sünder bin, und ich glaube, dass der Herr Jesus Christus für meine

Sünden am Kreuz gestorben und zu meiner Rechtfertigung auferstanden ist. Ich nehme ihn jetzt in mein Leben auf und bekenne ihn als meinen persönlichen Erretter." An dieser Stelle hatte Steffi mit Datum unterschrieben. Sie war damals elf Jahre alt. Können Sie sich meine Freude vorstellen, wie mein Herz heftig zu schlagen begann? Ich kann es gar nicht richtig beschreiben, wie erhebend meine Gefühle waren über dieser großen Gnade, die mir Jesus schenkte.

So möchte ich mich mit diesen Zeilen für Ihren Dienst bedanken und Sie ermutigen, weiterzumachen. Ihre Aufgabe als Gideons ist so wichtig und wird von Gott reich gesegnet.

Ein Jahr nach mir hat sich auch Nadine taufen lassen und wir haben beide Heilung erlebt. Wir haben ein ganz neues Leben von Jesus bekommen mit viel Liebe und Freude und dienen ihm, wohin er uns ruft. Das kleine Testamentchen in dem Kunststoffeinband, das Steffi von Ihnen als junge Konfirmandin geschenkt bekommen hat, ist mir ein ganz wichtiges Erinnerungsstück geworden, und jeden Morgen lese ich daraus einen Psalm.

Dresden – wie liegt die Stadt so wüst

Heute am 13. Februar jährt sich die Nacht, in der diese wunderschöne Stadt in Schutt und Asche gelegt wurde. Die Alliierten waren mit ihren Flugzeugstaffeln nach Deutschland eingedrungen und richteten in zwei schrecklichen Angriffen unvorstellbare Verwüstungen an. Zigtausend Tote, manche nennen sogar die Zahl 100000, waren die Folge dieser schändlichen Bombardierung. Die Leichen konnten nur noch in Massengräbern beigesetzt werden, andernfalls wäre eine Seuche ausgebrochen. Grässlich sind die Bilder, die heute noch über das Fernsehen in unsere Wohnstuben gelangen, wenn man sieht, wie sich Alte, Frauen und Kinder in die Elbe stürzten, weil der Phosphor sie wie Fackeln brennen ließ. Ein Schaudern läuft einem dabei über den Rücken. Viele Bewohner waren tagelang unter den Trümmern ihrer Häuser begraben und wurden diesen Albtraum ihr ganzes Leben nicht mehr los.

So weit das Auge blickte, standen nur noch Ruinen. Wo früher Straßen durch die Stadt führten, lagen Berge von Schutt und niedergebrannte Mauern. Schlimm traf es auch die vielen Flüchtlinge. Auf den Bahnhöfen standen lange Züge, voll mit Menschen, die den russischen Panzern entfliehen wollten und nun in ein Flammenmeer geraten waren. Auch die Zahl ihrer Toten und Verletzten war nicht mehr zu zählen. Meine Familie hätte genauso unter den Opfern sein können. Aber zum Glück hatte mein Vater die Fahrtroute unserer Flucht aus Polen so ausgesucht, dass wir mit unseren offenen Pferdewagen auf Nebenstraßen die großen Städte umgehen konnten.

Erstaunlich war es, dass sich die Überlebenden der immensen Herausforderung stellten und bald anfingen, den Schutt zu beseitigen. So wurden die Straßen wieder befahrbar. Was an Gebäuden noch einigermaßen erhalten geblieben war, wurde wieder in Stand gesetzt. So versuchten die Dresdener auch, die Kreuzkirche von Schutt und Asche zu räumen. Bereits im Juni konnte dort der erste Gottesdienst wieder stattfinden. Es war eine Gedenkfeier, in der man all der Toten gedachte. Unter ihnen waren auch 13 Sänger des Kreuzchores – hoffnungsvolle junge Menschen –, die ihr Leben hatten lassen müssen. Für diese Feier wurde eine Messe komponiert. Als Textvorlage dienten die Klagelieder des Jeremia:

„Wie liegt die Stadt so wüst, die voll Volks war. Sie weint des Nachts, dass ihr die Tränen über die Backen laufen. Es ist niemand unter all ihren Freunden, der sie tröstet ... Die Straßen gegen Zion liegen wüst, weil niemand mehr auf ein Fest kommen kann. Alle ihre Tore stehen öde.

Ach Herr, sieh an mein Elend, denn der Feind brüstet sich mit all seiner Stärke. Der Feind hat all ihre Herrlichkeit zerstört. All ihr Volk seufzt und sucht nach Brot. Sie tauschen ihre Wertsachen um Nahrungsmittel.

Euch sage ich allen, die ihr vorübergeht: Schauet doch und sehet, ob irgendein Schmerz sei wie mein Schmerz, der mich getroffen hat; denn der Herr hat mich voll Jammers gemacht am Tag seines grimmigen Zorns. Er hat ein Feuer aus der Höhe in meine Gebeine geworfen und es lassen walten.

Er hat mich zur Wüste gemacht, dass ich täglich trauern muss. Ach Herr, sieh doch, wie bange ist mir, dass es mir im Leibe davon wehtut."

Machtvoll erklang der Schrei des Propheten durch das Kirchengewölbe. Kaum ein Auge blieb trocken. Am eindrucksvollsten in dieser Messe waren die Worte: „Warum, warum?" Diese Klage drang in die Herzen der Menschen, und ihnen lief ein kalter Schauder über den Rücken. Auf diese Frage werden wir keine Antwort finden. Uns bleibt nur die Bitte: „Oh Herr, erbarme dich unser!"

Aber es kommt ein Tag, und er ist schon im Anbruch, den Jesus selbst verheißen hat. Da wird unsere Traurigkeit in Freude verwandelt werden und unsere Augen werden Jesus, unseren Erlöser und Retter, sehen. Diese Freude wird uns dann niemand nehmen können. An dem Tag werden wir auch keine Fragen mehr haben. Das ist unser Ziel, dem wir entgegengehen.

Der Friedenspreis

Lesen ist meine Welt. Schon als Kind habe ich alles verschlungen, was mir unter die Hände kam. Nesthäkchen, Peggy und Heidi gehörten zu meiner frühesten Lektüre. Später folgten dann Werke von Ganghofer, Knut Hamsun, Hermann Hesse und noch einige andere Schriftsteller. Ernst Wiechert hat mich mit seinen Büchern von der Schönheit Masurens berauscht. Deshalb wählte ich ihn auch zu meinem Abiturschriftsteller. Als ich meine englischen Sprachkenntnisse verbessert hatte, begeisterte ich mich für die Bücher von Pearl S. Buck, Steinbeck, Hemingway und W. Somerset Maugham. So bat mich später ein Verlag, die englische Literatur zu betreuen und gute Werke auszusuchen, die sich zur Übersetzung ins Deutsche eigneten. Hier durfte ich in großen Kartons voller englischer Bücher graben und habe manch wertvollen Schatz entdeckt. Später wurde ich sogar gebeten, selbst zu übersetzen, und meine erste Aufgabe war ein Kinderbuch mit dem Titel „David setzt auf Sieg“. Ich bin also ein Autodidakt und habe im Laufe der Jahre fast so viele Bücher aus dem Englischen übersetzt, wie ich geschrieben habe, nämlich über 60. So gehören Bücher zu den schönen, erholsamen Zeiten meines Lebens. Ich tauche ein in die Welt anderer Menschen, lerne sie kennen, freue mich mit ihnen, wenn sie Erfahrungen des Glücks machen, lasse aber auch die Tränen über meine Wangen rinnen, wenn mich ihr schweres Schicksal bis ins Innerste erschüttert.

Als ich eines Tages in der Bibliothek meines Mannes herumstöberte, entdeckte ich ein Buch von Saul Friedländer. Seine Lebensgeschichte las ich mit großer Betroffenheit und Anteilnahme, und es freute mich mächtig, als er im Jahre 2007 in der Paulskirche zu Frankfurt den Friedenspreis des deutschen Buchhandels erhielt. Dieser Festakt wurde im Fernsehen übertragen. Seine Rede war bewegend und hat die Zuhörer ergriffen. Sogar unser Bundespräsident Horst Köhler war zugegen.

In einer wunderbaren, anschaulichen Weise schilderte Saul Friedländer sein Leben. Es ist kaum zu begreifen, dass ein Mensch, dem das Schicksal so übel mitgespielt hat, keinen Hass gegen seine Peiniger und die Mörder seiner Angehörigen empfindet. Das ist für mich ein Wunder. So will ich Ihnen, meinen lieben Lesern, Anteil am Leben von Saul Friedländer geben. In Auszügen aus Briefen und Dokumenten bringe ich die Tragödie seines Daseins aufs Papier.

Im April 1939 verließen Friedländers die Tschechoslowakei, nachdem Hitler mit seinen Truppen in dieses Land einmarschiert war. Prag war bisher ihr Wohnort gewesen. Sie flohen nach Frankreich und blieben zunächst in diesem Land. Gern wären sie im Untergrund untergetaucht, aber leider konnten sie nirgends Zuflucht finden. Es war überhaupt ein Fehler, sich für Frankreich als Asylland zu entscheiden. Aber wer hätte schon wissen können, dass auch dieses Land von den deutschen Truppen besetzt würde?

Die Mutter war damals 37 Jahre alt und von Beruf Kosmetikerin. Sie arbeitete aber jetzt als Putzfrau und baute außerdem auf einem Stück Land Kartoffeln an und säte Erbsen. Leider pickten meistens die Vögel die Saat aus der Erde. Der Vater war 45 Jahre alt und versuchte durch Nachhilfestunden etwas zum Lebensunterhalt beizutragen. Die Familie litt in dieser Zeit große Not.

Die Lebensmittel waren knapp bemessen und auch die Zuteilung von Brennholz reichte nicht aus. So schrieb die Mutter Briefe an ihre Verwandten in Schweden, Dänemark und Palästina und bat um Hilfe. Die ganze Sippe lebte verstreut in der Emigration. Die Pakete, die Friedländers erreichten, kamen ihnen wie ein besonderer Segen des Himmels vor und waren ihnen ein Lichtblick in dunkler Zeit. Sie bereiteten Freude. Besonders erwünscht waren Zucker und fetthaltige Lebensmittel, vor allem aber Fleischkonserven und Karamellbonbons. Eine Verwandte beendete einen Brief an die Mutter mit den Worten: „Uns geht es so wie dir. Wir zittern von einem Brief zum anderen. Es ist ein Graus." Natürlich gingen alle Briefe durch die Zensur. In einem anderen Schreiben, das die Mutter nach Schweden schickte, war zu lesen: „Es ist doch ein großer Trost, dass die betroffenen Verwandten der Großmutter in Theresienstadt im Lager sind und nicht wie viele andere in Polen. Jene Lager sind noch viel ärger. Hoffentlich bleiben sie in Theresienstadt und kommen nicht wie viele andere an die Reihe. Man muss nur hoffen, obwohl man leider nicht mehr daran glauben kann."

Dann rückten die deutschen Soldaten bis Paris vor. Der Vater floh mit Frau und Kind nach Néris-les-Bains, einem kleinen noch unbesetzten Kurort. Er wurde zunächst ihre Bleibe. Aber die Angst saß den Eltern im Nacken. Sie machten sich große Sorgen um ihren kleinen Saul und gerieten in Panik. Schließlich brachten sie ihren Jungen in ein französisches katholisches Internat. Dort ließen sie das Kind taufen und gaben ihm den Namen Paul, damit seine Identität als Jude nicht gleich aufflog. Aber Frankreich war wohl nicht der sicherste Ort für ein Exil. Die Mutter schrieb einen Brief an die ihnen bekannte Dame im Internat. Sie hieß Madame Macé de Lepinay. Herr Friedländer hatte ihr früher Deutschunterricht gegeben. „Meine große, innige Bitte an Sie, gnädige Frau, ist nun, sich unseres Kindes anzunehmen und ihm bis zum Ende dieses furchtbaren Krieges Ihre Patronage angedeihen zu lassen. Wie Paul am besten zu schützen ist, weiß ich nicht, habe aber vollstes Vertrauen zu Ihrer Klugheit und Güte. Meines Mannes und mein Schicksal liegt nunmehr in Gottes Händen. Wenn er will, dass wir durchkommen, so werden wir das Ende dieser grauenvollen Zeit erleben. Wenn wir zugrunde gehen müssen, so haben wir das eine große Glück, unser geliebtes Kind gerettet zu wissen. Der Junge ist ja reich mit Kleidern, Wäsche und Schuhen versorgt, und Geld ist genug für ihn da. Ich werde alles bei Ihnen deponieren, wenn Sie die unbeschreibliche Güte haben, mir Ja zu sagen."

Schweren Herzens trennten sich die Eltern von ihrem geliebten Sohn, setzten sich in einen Zug und fuhren Richtung Schweiz. Von Evian gingen sie dann zu Fuß bis zur schweizer Grenze weiter und hofften, so dem Massaker durch die Nazis zu entkommen. Friedländers waren Juden, und sie wussten, dass überall in Deutschland und Polen Konzentrationslager für Juden eingerichtet waren. Zu ihrem großen Schrecken glückte ihnen die Flucht nicht. Schweizer Polizisten verhafteten sie in der Morgenfrühe des 28. September 1942. Im Protokoll heißt es: „Um sechs Uhr nahm ich sechs Juden fest, darunter das Ehepaar Friedländer. Um 6 Uhr 30 wurden Herr und Frau Friedländer wieder nach Frankreich zurückgeschickt."

Im Nachhinein erwies sich gerade dieser Rettungsplan für die Eltern als todbringend;

denn alle Flüchtenden mit Kindern durften die Grenze zur Schweiz überschreiten, während die anderen Grenzgänger nach Frankreich zurückgeschickt und dann später in den Konzentrationslagern vergast wurden. Unbegreiflich sind solche Lebensführungen. Sie haben mich bis ins Innerste erschaudern lassen. Was die Eltern als Rettung für Saul erdacht hatten, wurde ihnen selbst zum Verhängnis.

Der Vater richtete einen Brief an Madame Macé de Lepinay: „Wir haben nach einer sehr anstrengenden Reise die Schweiz erreicht, wurden aber wieder abgeschoben. Man hatte uns nicht richtig informiert. Wir erwarten nun unsere Überführung ins Lager von Rivesaltes, wo man in der Ihnen wohlbekannten Art und Weise über unser Schicksal entscheiden wird. Wir haben keine Worte, um Ihnen unser Elend und unsere Verzweiflung zu beschreiben."

Am 15. Juli 1942 begann dann die Massendeportation der Juden aus Frankreich. Zunächst wurden sie in die besetzten Gebiete abtransportiert, aber schon bald danach drangen die Schergen auch in die unbesetzten Gebiete ein und verfrachteten die Juden ostwärts in die entsetzlichen Todeslager.

Das Ehepaar landete dann nach einigen Irrfahrten schließlich am 5. Oktober in einem Lager in der Nähe von Paris. Das war ein zentrales Sammellager für Juden, die nun in den Osten abtransportiert werden sollten. In dem Deportationstransport Nummer 40 wurden dann die Friedländers am 3. November 1942 nach Auschwitz gebracht. Am 6. November erreichte der Gefangenentransport Auschwitz. Der Vater wurde hier vergast. Sein Name findet sich auf einer Todesliste. Die Spur der Mutter verliert sich im Dunkeln. Sie hat aber Auschwitz nicht überlebt.

Das letzte Schreiben an Madame Macé de Lepinay, datiert vom 5. Oktober, ist erhalten geblieben. Auf dem Transport wurde dieser Brief aus dem Zug geworfen und von Quäkern gefunden. Darin schrieb der Vater auf Französisch: „Madame, ich schreibe Ihnen dies aus dem Zug, der uns nach Deutschland bringt. Im letzten Moment habe ich einem Vertreter der Quäker 6000 Francs und ein Armband mit Anhänger sowie einer Dame ein Briefmarkenalbum zur Weitersendung an Sie übergeben. Heben Sie alles für den Kleinen auf und nehmen Sie zum letzten Mal unseren unendlichen Dank und die herzlichsten Wünsche für Sie und Ihre ganze Familie entgegen. Verlassen Sie den Kleinen nicht. Gott möge Ihnen alles vergelten und Sie und Ihre ganze Familie segnen, Elli und Jan Friedländer."

In der Lebensgeschichte der Familie Friedländer wird uns ein Schicksal vor Augen geführt, das wohl niemanden gleichgültig lassen kann. So wuchs der kleine Paul in Frankreich auf. Nach dem Ende der Nazidiktatur konnte er sich wieder als Jude zeigen und nahm seinen alten Namen Saul an. Sechzig Jahre sind seit dem schrecklichen Geschehen von damals vergangen. Dass Saul Friedländer sagen kann, er empfinde keinen Hass gegen die Mörder seiner Eltern und seines Volkes, offenbart sein weites Herz und seinen Willen zur Versöhnung.

Die Liebe aber ist das Höchste

Ich kenne Lebensschicksale, die nur schwer zu verkraften sind und deren grausame Erfahrungen mir unter die Haut gehen. So bewegt mich das Leben des berühmt gewordenen Mediziners Viktor Frankl bis ins Innerste. Er war Dozent, später Professor für Neurologie und Psychiatrie. Eine hoffnungsvolle Zukunft lag vor ihm. Doch sie wurde jäh und schrecklich durch den Einmarsch von Hitlers Truppen in Österreich 1938 unterbrochen. Über dieser herrlichen Alpenregion verdunkelte sich der Himmel. Düstere Wolken zogen auf. Frankl ahnte, dass ihm Gefahr drohte. Er war Jude und arbeitete als Arzt in einem Wiener Krankenhaus. Dort behandelte er jüdische Patienten. Um sie vor der Euthanasie zu bewahren, stellte er ihnen falsche Diagnosen, wenn sie wegen einer psychiatrischen Erkrankung in die Gaskammern hätten wandern müssen. Er brachte sie dann lieber in einem Altenheim unter. Das war natürlich ein großes Risiko und wäre auch nicht gelungen, wenn sein Chef aus der psychiatrischen Universitätsklinik nicht mitgespielt hätte. Der Professor bewies viel Zivilcourage und stand Frankl mutig bei. Er trug zwar das Parteiabzeichen, das fast jeder Mann in führender Position ans Revers heften musste, aber er war kein Antisemit. Frankls Gesinnung war von ethischen Werten bestimmt, und so war es ihm das wichtigste Anliegen, sich für Menschen in Not einzusetzen und das Schwache zu stützen.

Die Hitlerregierung aber hatte es sich zum Ziel gesetzt, die Juden auszurotten. Offiziell war dies zu Beginn seiner Regierung nicht öffentlich bekannt, aber hinter vorgehaltener Hand sprach es sich herum, dass die Naziherrschaft den Holocaust plante. Spätestens seit der Kristallnacht vom 9. zum 10. November 1938 war es offensichtlich, dass die Juden in Deutschland und auch in anderen Ländern ermordet werden sollten. Es begann damit, dass in Deutschland die Synagogen in Flammen aufgingen, jüdische Geschäfte geplündert und zerschlagen und die Juden auf der Straße niedergeknüppelt wurden. Die sogenannte „Endlösung" der Judenfrage war beschlossene Sache. Frankl überlegte, wie er diesem Inferno entkommen könnte, und bewarb sich an der internationalen Universität in Kalifornien. Die Zeit drängte. So lief er jeden Tag aufgeregt zum Postkasten und bangte darum, ob endlich eine positive Nachricht für ihn vorlag.

Und dann kam der glückliche Tag für ihn. Er fand im Briefkasten die Zusage, dass er in einer Klinik in Amerika seinen Dienst beginnen könnte. Der Druck wich von ihm und es war ihm zumute, als könne er sich endlich ohne Angst in seine Arbeit als Psychiater stürzen. Bald wäre er befreit von der Last, irgendjemand könnte ihn anzeigen, weil er Juden versteckt und sie so vor dem Tod gerettet hatte. Auch wenn er überzeugt war, dass sein Handeln richtig war und er sich für seine Kranken einsetzte, änderte dies nichts daran, dass er jeden Morgen doch unter einem ungeheuren Druck zur Klinik ging. Was würde ihn da erwarten? Nun aber könnte er sofort in die Freiheit aufbrechen. War er nicht ein glücklicher, beneidenswerter Mensch?

Aber plötzlich überfiel ihn eine seltsame Unruhe. Eine Frage bewegte ihn und legte sich bedrückend auf seine Seele: Was würde mit Vater und Mutter in Österreich geschehen? Dürfte er sie jetzt in dieser gefahrvollen Zeit zurücklassen? Wären sie nicht im Konzentrationslager dem sicheren Tod ausgeliefert? Seine Stimmung verdunkelte sich. Unruhe, ja Gewissensbisse plagten ihn. Er kam sich wie ein Verräter vor, der seine alten Eltern im Stich lassen wollte. Ein heißes Ringen setzte ein. Er wusste nicht, wie er sich entscheiden sollte. Amerika bot ihm Freiheit, hier in Österreich drohte ihm der Tod. Würde er überhaupt seinen Eltern helfen können? Wäre es nicht besser, wenn sich wenigstens ein Familienglied rettete? Konnte er es andererseits übers Herz bringen, ihnen Adieu zu sagen und sie ihrem Schicksal zu überlassen? Das Visum galt doch nur für ihn. Er würde seine Karriere, ja sein Leben aufs Spiel setzen, wenn er nicht nach Amerika ginge. In dieser Zeit beschäftigte ihn ein eigenartiger Traum, der ihm noch einmal die Schwierigkeit seiner Entscheidung anschaulich machte. Er berichtet darüber:

„Ich träumte, dass Leute, psychotische Patienten, zusammengebracht wurden, um in den Gaskammern zu sterben. Ich empfand ein so tiefes Mitleid, dass ich beschloss, mich ihnen anzuschließen. Ich spürte, dass ich als Psychotherapeut in einem Konzentrationslager arbeiten sollte, um den Insassen geistige Unterstützung zu gewähren, was ungleich viel sinnvoller wäre, als nur ein Psychiater in Manhattan zu sein." In dieser Nacht versetzte ihn der Traum in Unruhe und er wusste nicht, wie er handeln sollte. So verordnete er sich selbst erst einmal Ruhe, um nachdenken zu können. Er ging am Stephansdom spazieren und vernahm ein Orgelspiel. Die Musik zog ihn ins Innere der Kirche. Mit seiner Aktentasche verdeckte er den Judenstern, den er ja immer tragen musste. Es war ihm nämlich nicht erlaubt, eine Kirche zu besuchen. Still setzte er sich in eine dunkle Ecke und versuchte abzuschalten. Er lauschte dem Orgelspiel und wartete darauf, dass der Himmel ihm einen Wink gab, wie er handeln sollte. So kehrte er nach seinem Spaziergang in sein Haus zurück und hoffte, dass ihm Klarheit geschenkt würde. Auf dem Tisch entdeckte er ein kleines Marmorstück und fragte seinen Vater, was denn dieses Trümmerstückchen zu bedeuten habe. Gespannt lauschte er den Worten seines Vaters. Der erzählte ihm, dass er das Marmorstück zwischen den verbrannten Trümmerresten der Synagoge von Wien gefunden hatte, die ja in der Kristallnacht niedergebrannt worden war. Das Marmorstück sei ein Teil der Gesetzestafeln. Es zeigte den Anfangsbuchstaben des vierten Gebotes: „Du sollst deinen Vater und deine Mutter ehren, auf dass du lange lebest im Lande, das dir der Herr, dein Gott, gibt.“ Mit einem Schlag wusste Frankl, was er zu tun hatte. Er musste bei seinen alten Eltern bleiben und sagte seinen Dienstauftrag in Amerika ab. Er ließ das Visum verfallen, das ihm die Freiheit gebracht hätte. Dunkelheit und Verwirrung, die sein Innerstes bisher gefangen gehalten hatten, wichen von ihm. Gewiss, es war eine ungeheure Entscheidung. Damit hatte er sich freiwillig dem Risiko ausgesetzt, ins KZ gehen zu müssen. Frankl aber stellte Gottes Gebot über alle Einwände, die ihn bedrücken wollten. Auch seine Eltern verstanden nicht, dass er das Visum verfallen ließ. Sie hätten sich darüber gefreut, wenn ihr Sohn das Land verlassen und in Amerika Sicherheit gefunden hätte.

Aber wenn Frankl eine Entscheidung getroffen hatte, konnte ihn keine Macht der Welt wieder umstimmen. Er diskutierte auch nicht mit Vater und Mutter, sondern intensivierte das Gespräch mit Gott. Frankl schätzte Gottes Gebot höher ein als seine Sicherheit.

Bezeichnend ist auch seine enge Liebe zu seinen Eltern. Es war besonders die Mutter, die ihn geprägt hatte. Ihre Liebe war dauerhaft, echt, tief und weit. Mit einem Gefühl größten Glücks empfand er diesen Wert der Mutterliebe. Er verehrte sie in seinem Herzen, und so wurden seine Kindheit und Jugend von wunderbarer Geborgenheit und Glück überstrahlt. Seine Mutter war die Güte in Person. Innig fühlte er sich zu ihr hingezogen. Er schätzte ihre Herzlichkeit, Frömmigkeit und Wärme. Wenn er jemandem das Foto seiner Mutter zeigte, senkte er immer in großer Hochachtung vor ihr den Kopf. Dabei wurde seine Stimme leise und weich, wenn er von ihr sprach. Auch noch im hohen Alter hat er seine Mutter häufig erwähnt. Sie war ihrem Mann treu ergeben und bildete den ruhigen, warmherzigen Pol in der Familie. Wie hat sich Frankl später im Konzentrationslager fast vor Heimweh nach ihr verzehrt.

Zunächst kam die Familie geschlossen nach Theresienstadt. Dann aber wurde sie auseinandergerissen. Als sich Viktor von seiner Mutter verabschiedete, bat er noch im letzten Augenblick: „Mutter, gib mir deinen Segen." Fast mit einem lauten Schrei, der inbrünstig aus der Tiefe ihres Herzens kam, rief sie aus: „Ja, ja, ich segne dich!" Dann legte sie ihm die Hände auf und stellte ihn unter die göttliche Verheißung: „Der Herr segne dich und behüte dich! Der Herr lasse sein Angesicht über dir leuchten und sei dir gnädig. Der Herr erhebe sein Angesicht auf dich und schenke dir seinen Frieden!" Es war das letzte Mal, dass die Mutter dem Sohn ihre innige Liebe zeigen konnte. Jeder Häftling in Theresienstadt wusste, dass der Abtransport nach Auschwitz den Tod bedeutete. Dort stand der „Kamin", wo die vom Gas getöteten Opfer verbrannt wurden. Der Rauch stieg grau und hässlich auf, und ein Ekel erregender Geruch von verbranntem Fleisch verpestete die Luft. Das Singen der Vögel verstummte und die Tiere suchten bessere Gefilde. Aber die Liebe seiner Mutter und ihr Segen begleiteten den Sohn in die Hölle, wie er das KZ nannte. Sie gaben ihm Halt und Festigkeit. Er ahnte nicht, dass die Mutter längst hatte sterben müssen, aber in ihm brach ein starkes Bedürfnis auf, ihr die Ehrerbietung zu zeigen, die ihr zukam. Nicht jeder kann in solcher Ehrfurcht an seine Mutter denken. Für Frankl spielte die Mutter die Rolle einer sprichwörtlichen „jiddischen Mame", sie war für ihn die beste Mutter der Welt. Sicher trugen die unbeschreibliche Not, die dort herrschende Kälte und die Demütigung des Lagerlebens mit dazu bei, dass der Gedanke an die Mutter bei ihm besonders stark ausgeprägt war. Er musste sie ja schließlich hinter sich lassen, ja, dem Tode preisgeben, aber ihren göttlichen Segen nahm er mit in dieses Inferno.

Das Verhältnis zum Vater war anderer Natur. Er war das Gegenteil der Mutter. Sie war freundlich und gütig, lebte aber spartanisch, war äußerst sparsam und hatte ein strenges Pflichtbewusstsein. Seine starren Prinzipien führten oft zu Konflikten zwischen Vater und Sohn. Der Sinn für Gerechtigkeit war bei dem Vater sehr stark ausgeprägt und oft mit Jähzorn verbunden. Auf einem Spaziergang war er einmal so wütend auf seinen Jungen geworden, dass er wahllos auf ihn eindrosch, bis der Bergstock in Stücken vor ihm lag. Wenn der Freitag nahte, zwang der

Vater seine beiden Söhne dazu, ein Gebet auf Hebräisch aufzusagen. Erst wenn es fehlerfrei vorgetragen war, erhielten die Jungen ihre zehn Heller. Diese Gebete fielen Viktor und seinem Bruder schwer, da sie die hebräische Sprache nicht beherrschten.

Gewiss, der Vater konnte manchmal schwierig sein, aber er vermittelte seiner Familie eine wunderbare Geborgenheit und sorgte immer gut für sie. Und so liebte Viktor beide Elternteile und suchte oft das Gespräch mit seinem Vater. Er war wirklich ein Gerechter, wie ein Rabbi nach seinem Tod berichtete. Sein Jähzorn und seine unerbittliche Strenge wandelten sich mit der Zeit zum Besseren. Die Verbundenheit mit Gott machte ihn geduldiger. So war auch das Verhältnis zum Sohn liebevoller geworden. Er war sogar stolz darauf gewesen, dass dieser Medizin studiert hatte, denn eigentlich hätte der Vater auch gerne Arzt werden wollen. Viktor lebte immer mehr in einem starken Urvertrauen zu ihm.

Als der Vater mit anderen Juden den langen Marsch nach Theresienstadt antreten musste, tröstete er die Leute, die an seiner Seite gingen: „Gott hilft schon weiter.“ So konnte er noch manchen Gefangenen vor Panik und Verzweiflung bewahren.

Die herzliche Liebe, die Frankl mit seinem Vater verband, zeigte sich besonders beim Abschiednehmen in Theresienstadt. Halb verhungert litt der 81-jährige Vater wieder einmal an einer Lungenentzündung. Frankl ahnte, dass er wohl sterben würde. So schmuggelte er eine Ampulle Morphium in das KZ ein, um dem Vater den Todeskampf zu erleichtern und abzukürzen. Dann fragte er ihn: „Vater, hast du noch Schmerzen?"

„Nein."

„Willst du noch irgendetwas sagen?"

„Nein."

„Hast du noch irgendeinen Wunsch?"

„Nein."

Darauf küsste der Sohn den Vater und musste ihn verlassen, damit er nicht zu spät in seine Baracke kam. Es war ihm bewusst, dass er den Vater nicht mehr lebend sehen würde. In diesem Augenblick war ihm aber auch klar, dass er das vierte Gebot erfüllt hatte. Den Eltern zuliebe hatte er das KZ auf sich genommen und war nicht nach Kalifornien ausgewandert. Bis zu seinem Tod konnte er seinen Vater begleiten und ihm Todesqualen ersparen. Frankl war ein hohes Risiko eingegangen, als er diese Morphiumampulle für seinen Vater ins Lager geschmuggelt und sie ihm gespritzt hatte. Sicher hat es ihm leidgetan, dass er seinem Vater nicht bis zum letzten Atemzug die Hand halten konnte. Aber er konnte sich sagen: „Ich habe alles getan, was in meiner Macht stand. Ich bin meiner Verpflichtung den Eltern gegenüber treu geblieben." In der Liebe hat sich der Sohn bewährt, und sie war ihm das Höchste. Nach der Feuerprobe im KZ schreibt Frankl, dass er nichts mehr in seinem Leben zu fürchten habe außer seinen Gott. Schreckliches hat er durchleiden müssen. Sein Bruder und seine Eltern kamen im KZ zu Tode, aber der Glaube an Gott ist Frankl geblieben.

Susanne Geske – eine tapfere, mutige Frau

In Hohndorf in Sachsen fand am 22.4.2007 eine Konferenz statt. Mein Mann und ich waren als Redner eingeladen. Das Thema hieß „Vergebung" und ich hatte die Aufgabe, in praktischen Beispielen über Schuld und Vergebung zu sprechen. Am Abend zuvor war mir ein Zeitungsartikel in die Hände gefallen, der über den grausamen Mord an drei Christen in der Stadt Malatya in der Türkei berichtete. Schon Tage zuvor hatten die Medien auf diese Bluttat hingewiesen. Als ich davon hörte, faltete ich sofort meine Hände und betete für die Hinterbliebenen der drei Märtyrer. Erstaunlich war für mich die Reaktion von Susanne Geske auf die bestialische Hinrichtung ihres Mannes und Vaters von drei Kindern. Sie konnte den Mördern ihre Schandtat vergeben und sagte dem türkischen Fernsehsender ATV: „Ich habe keinerlei Rachegedanken." Wie Jesus am Kreuz betete sie: „Herr, vergib ihnen, denn sie wissen nicht, was sie tun." Welche Größe zeigte diese junge Witwe in der Stunde ihrer größten Anfechtung, als ihr der Ehemann von der Seite gerissen wurde. Am Ende meines Vortrags konnte ich nicht anders, als über diese mutige Tat zu sprechen und meine Zuhörer mit hineinzunehmen in die tapfere Haltung dieser jungen Mutter. Gemeinsam beteten wir während dieser Konferenz für sie um Kraft und Trost in dieser so bedrängenden Lage. Jesus Christus möge ihr selbst in der Trauer ganz nahe sein und ihr die Gewissheit geben, dass er sie nie verlassen noch versäumen werde.

Wer war Tilman Geske? Geboren wurde er 1961 im Raum Celle. In dieser Stadt bestand er auch sein Abitur. Das schönste Ereignis seiner Jugend war die Hinwendung zu Christus. Seine Schwester war für ihn zum Wegweiser für Jesus geworden. Eines Tages im Herbst 1979 kam sie zu ihm ins Zimmer und erzählte freudestrahlend: „Ich habe Jesus Christus kennengelernt und will ihm nachfolgen. Er ist der beste Freund auf meinem Wege." Tilman war zunächst recht skeptisch. War das etwa eine neue ausgeflippte Idee seiner Schwester? Aber bald stellte er fest, wie sehr sie sich zum Positiven hin veränderte. Früher hatten sie öfters, wie es bei Geschwistern der Fall ist, miteinander gestritten. Ihre Launenhaftigkeit, unter der er oft zu leiden hatte, hielt sie jetzt unter Kontrolle. Diese charakterliche Veränderung machte ihn hellhörig und er begleitete sie gerne zu den Jugendstunden. Dort lernte er junge Christen kennen. Sie waren freundlich, gingen liebevoll miteinander um, verhielten sich nicht aufdringlich und strahlten Fröhlichkeit und Herzenswärme aus. In dieser Zeit begann Jesus selbst mit ihm zu reden und ihn hineinzunehmen in den Reichtum seiner rettenden Botschaft. Im Jugendkreis wehte ein frischer Wind. Den letzten Impuls zum neuen Leben mit Jesus erhielt er durch eine kleine Broschüre „Schritte in ein neues Leben". Im November 1979 fällte er die Entscheidung, sein Leben Christus anzuvertrauen und fortan mit ihm zu leben. Er wurde in der neu gegründeten Freien evangelischen Gemeinde ein tüchtiger Mitarbeiter. Die Jugendarbeit lag ihm am Herzen und er versuchte, andere Schüler, Studenten und Auszubildende ins Boot Jesu Christi zu ziehen. Mutig ging er in seinem Heimatort von Tür zu Tür und verteilte christliche Schriften. Er hatte in seiner Nachfolge begriffen: Christ sein heißt Missionar sein.

In dieser Zeit wurde ihm auch bewusst, dass er für seinen Herrn in den vollzeitlichen Dienst treten sollte. Von 1982–1987 studierte er an der theologischen Hochschule in Basel. Von Anfang an hatte er den Auftrag zum Missionar im Blick, aber zunächst half er in der Freien evangelischen Gemeinde in Lindau eifrig in der Verkündigung mit. Er predigte im Gottesdienst, sang zu seiner Gitarre christliche Lieder und warb Menschen für Jesus an. Er wohnte auch mit einigen ledigen jungen Männern im Wohnheim zusammen, um sie im Glauben zu fördern. Dabei wirkte er nie aufdringlich. Das Gegenteil war der Fall. Er galt als ruhig, bedacht, respektvoll und hatte einen langen Atem. Als er dann später in die Türkei ging, wurde ihm deutlich gemacht, dass Mission in diesem moslemischen Land verboten war. So achtete er dieses Gesetz. Ihm war es ein Anliegen, einheimische Christen in ihrem Gemeindeauftrag zu stärken und sie zu unterstützen. Er arbeitete in einem Bibelverlag und wollte auf diese Weise das Wort Gottes unter die

Leute bringen. Dabei ging er vorsichtig zu Werke, um die islamische Bevölkerung nicht zu provozieren.

Ihm zur Seite stand seine wunderbare Frau, die er in Lindau kennengelernt hatte. Sie hatte auch eine Bibelschule besucht und war dem göttlichen Feuer nahegekommen. Beide stellten sich mit fröhlichem Herzen Gott zur Verfügung. Sie gingen in das Land am Bosporus und sahen darin ihre Berufung. Drei wunderbare Kinder wurden ihnen geboren: Janine, Lukas und Miriam. Zunächst wohnten sie in Adana. 2003 zog die Familie nach Malatya. Dort gab es eine kleine evangelische Gemeinde mit etwa 30 Mitgliedern. Aber diese Stadt war eine Hochburg für fanatische Islamisten. Auch Ali Agca, der das Attentat auf Papst Johannes Paul II verübt hatte, war hier zu Hause. Die Situation Christen gegenüber war dort sehr angespannt. Familie Geske sah die einzige legale Möglichkeit, für Gott zu wirken, indem sie ihren Glauben überzeugend lebte. So kamen die Geskes in guten Kontakt mit ihren moslemischen Nachbarn. Nach dem Mord waren es diese Nachbarn, die ganz bestürzt zu Susanne kamen, um ihre Anteilnahme auszudrücken. Sie versorgten die vaterlos gewordene Familie mit Essen, Trinken und tröstenden Worten.

Wie der Mord im Einzelnen geschah, darüber herrschte noch Unklarheit. Elf Verdächtige wurden festgenommen. Tilman und auch die andern beiden Märtyrer mussten ihre Mörder gekannt haben. Sonst hätte man ihnen nicht Eintritt in das Verlagsgebäude gewährt. Dann geschah diese schreckliche Hinrichtung, die von den Tätern als Ritualmord bezeichnet wurde. Sie fesselten die drei Christen an Händen und Füßen und stachen wie wahnsinnig auf sie ein. Bei der Autopsie entdeckten die Ärzte 16 Einstiche. Die Tatverdächtigen sagten beim Verhör aus, dass sie an den Feinden des Islam ein Exempel statuieren wollten.

Am 20. April wurde Tilman Geske unter großer Beteiligung der Bevölkerung in türkischer Erde beigesetzt. Auf dem Friedhof fand er seine letzte Ruhe. Die Mutter sang mit ihren Kindern ein Lied, das Tilman selbst komponiert hatte.

Wer in den biografischen Unterlagen von Tilman Geske blättert, findet einen erstaunlichen Satz. So schreibt er in der Bewerbung für sein Theologiestudium, er strebe eine geistliche Ausbildung an, weil er meine, dass seine Zeit kurz bemessen sei. Es sei für ihn dringlich, sein Leben für die Weitergabe des christlichen Glaubens zu opfern.

Nun hat Gott sein Leben vollendet und seine Vision erfüllt. Uns bleibt nur das Staunen, mit welcher Hingabe er seinem Herrn Christus bis in den Tod gedient hat.

Ein Vater wird Christ

Heute hörte ich die tragische Geschichte zweier Bibelschülerinnen. Sie liebten Jesus und waren auch bereit, ihm zu dienen. Während eines Praktikums fuhren sie in den Jemen, um dort in einem Krankenhaus Menschen zu helfen. Sie selbst waren dem Feuer Gottes in ihrer Jugend sehr nahegekommen, und nun brannte es in ihren Herzen. Ihr Einsatz war bewundernswert. Dann aber geschah etwas, was viele Menschen nicht nur in Deutschland aufrüttelte. Eines Tages wurde das Krankenhaus überfallen. Ein Engländer, ein deutscher Arzt mit seiner Frau und seinen drei kleinen Kindern wurden als Geiseln genommen, dazu drei Krankenschwestern. Die jungen Frauen versuchten zu fliehen, wurden aber auf der Flucht von den Geiselnehmern erschossen.

Als die Nachricht nach Deutschland drang, waren viele bis ins Innerste erschüttert. Immer wieder wurde ich an die Eltern, Geschwister, Verwandten und Freunde dieser Bibelschülerinnen aus Brake erinnert und faltete die Hände zum Gebet. Es ist bewegend, wie der Vater einer der getöteten jungen Frauen die Nachricht vom Tod seiner Tochter aufnahm. In seinem aufbäumenden Schmerz redete Gott zu ihm, und später bekannte er: „Wenn meine Tochter um des Glaubens an Jesus willen ihr Leben einsetzte, dann will ich auch Christ werden.“ Der Vater – er gehört zu den Russlanddeutschen – übereignete Christus sein Leben.

So liegt über allem Schrecklichen doch der stille Glanz Gottes, weil der Tod seiner Tochter als Märtyrerin den Vater in die große Schar der Erlösten einreihte.

Wir sind gewollt

Nun feierten wir die Hochzeit unseres Sohnes, und ein stilles Glück bewegte mein Herz. Es hat lange gedauert, bis er die rechte Frau gefunden hatte, und manchmal dachte ich schon: Ob er sich wohl zu einer Heirat entschließen wird? Nicht dass ich ihn unbedingt im Hafen einer Ehe wissen wollte, aber im Stillen überlegte ich doch: Wird unser Sohn später nicht sehr einsam sein und Wesentliches vermissen? In Sprüche 31,10-12 heißt es nämlich: „Wem eine tüchtige Frau beschert ist, die ist viel edler als die köstlichsten Perlen.

Ihres Mannes Herz darf sich auf sie verlassen und Nahrung wird ihm nicht mangeln.

Sie tut ihm Liebes und kein Leid ihr Leben lang."

Dreimal hatte er uns eine nette Studentin vorgestellt und Jessika, Rosalind und Petra zu uns eingeladen. Alle drei hätten mir gut gefallen. Aber keine war für ihn die Richtige, und die Beziehungen brachen wieder auseinander. Da war ich gefordert, ein tröstendes Wort auszusprechen oder nur still seinen

Schmerz der Trennung mitzutragen. Aber nun hatte Gott ihm doch noch eine wunderbare Frau zugeführt, und ich gehörte wohl an diesem Tag auch zu den glücklichsten Menschen. Schön war die Braut, bildschön, und mit dem Kleid hätte sie auch Boris Beckers Frau Lilli in den Schatten stellen können. Das Kleid war cremefarben, mit einer Schleppe. Geschickt war der Schleier über ihr dunkelbraunes Haar gesteckt. Ein herrliches Geschmeide schmückte ihren Hals und ließ ihr Gesicht noch strahlender erscheinen.

Als das Hochzeitspaar unter Orgelklang in die Kirche einzog, wurde ich an meine eigene Hochzeit erinnert. Das weiße Kleid und den Schleier hatte ich mir von meiner Schwester geborgt. Die gelben Rosen hatte meine Schwiegermutter noch kurzfristig besorgt, weil sie merkte, dass ich gar keinen Strauß in der Hand hielt. 16 DM hatte Karl Heinz dafür hinblättern müssen, und noch Jahre später trauerte er dem Bouquet nach: „Welche wertvollen theologischen Bücher hätte ich mir dafür kaufen können? Solch ein Rosenstrauß verwelkt ja schon nach ein paar Tagen. Aber ein wissenschaftliches Buch begleitet mich durch mein ganzes weiteres Leben.“ So ist mein Mann. Bücher sind seine Welt, und ich habe über diesen Ausspruch nur schmunzeln können. Wahrscheinlich war sein Klagen auch nicht ernst gemeint.

Das Hochzeitsessen habe ich selbst zubereitet. Acht Gäste waren geladen. Es war ja damals eine recht dürftige, arme Zeit. Auf dem Wochenmarkt erstand ich noch schnell am frühen Morgen zwei Salatköpfe. Nach echt bessarabischer Art hatte ich ein Stück Schinken in einer Teigrolle gebraten und als Nachtisch Schneeballen auf den Tisch gebracht. Meine Geschenke bestanden aus zwei Väschen, ein paar Schüsseln, einige Deckchen, Topflappen und Handtücher. Gemessen an der Hochzeit meines Sohnes fiel unser Fest sehr kärglich aus, und doch erinnere ich mich an meine Hochzeit gerne. Als Bibelwort hatten wir uns Jesaja 54,10 erbeten: „Es sollen wohl Berge weichen und Hügel hinfallen, aber meine Gnade soll nicht von dir weichen und der Bund meines Friedens nicht hinfallen.“ Dieses Wort hat sich in unserem Leben bestätigt. Keine Gabe Gottes ist mir wichtiger als seine große Gnade. Heute sind wir 53 Jahre verheiratet, haben fünf Kinder mit Schwiegerkindern und 15 Enkel.

An der Feier unseres Sohnes wollten wir mit unserer ganzen Sippschaft ein Lied singen. Wir standen als eine große Schar um den Altar, Mareike, unsere Enkeltochter, spielte Gitarre dazu. Das folgende Lied von Jürgen Werth hatte ich selbst ausgesucht:

„Vergiss es nie: Dass du lebst war keine eigene Idee,
und dass du atmest, kein Entschluss von dir.
Vergiss es nie: Dass du lebst, war eines anderen Idee,
und dass du atmest, sein Geschenk an dich.

Vergiss es nie: Niemand denkt und fühlt und handelt so wie du,
und niemand lächelt so, wie du's grad tust.
Vergiss es nie: Niemand sieht den Himmel ganz genau wie du,
und niemand hat je was du weißt gewusst.

Vergiss es nie: Dein Gesicht hat niemand sonst auf dieser Welt,
und solche Augen hast alleine du.
Vergiss es nie: Du bist reich, egal, ob mit, ob ohne Geld;

denn du kannst leben! Niemand lebt wie du."

Bei dem folgenden Refrain haben sogar unsere jüngsten Enkelkinder kräftig mitgesungen und in die Hände geklatscht.

Das muss ein besonders eindrucksvolles Bild gewesen sein, als die Vier- und Fünfjährigen das Lied laut in die Kirche schmetterten:

„Du bist gewollt, kein Kind des Zufalls, keine Laune der Natur,
ganz egal, ob du dein Lebenslied in Moll singst oder Dur.
Du bist ein Gedanke Gottes, ein genialer noch dazu.
Du bist du, das ist der Clou, ja, der Clou.
Ja, du bist du."

Dieses Lied muss so manches Herz bewegt haben, denn einige holten ihr Taschentuch hervor. Ein Geologiestudent kam nach der Kaffeepause zu mir und meinte: „Ich habe immer gedacht, dass eine so große Familie mit fast dreißig Gliedern doch nur aus Asozialen bestehen kann. Heute bin ich eines

Besseren belehrt worden. Es gibt auch diese Familien mit vielen Kindern, die intelligent sind, wunderbar miteinander harmonieren und sogar schön singen können."

Ich musste lachen. „Ja", gab ich ihm zu verstehen, „es ist ein Geschenk und kein eigenes Verdienst, wenn Vater und Mutter, Kinder und Enkel Jesus lieb haben und ihm dienen möchten." Nachdenklich schaute er mich an. Das Lied aber lässt mich nicht mehr los, und der Refrain macht mich besonders glücklich. Ich singe es schon öfter morgens beim Aufstehen.

Vater Jakob

Während eines Klinikaufenthalts hörte ich die folgende Anekdote: Vater Jakob, diese heilige Vatergestalt, nach der später auch der Jakobsweg in Spanien benannt wurde, war mit seinem Schüler in den Bergen unterwegs. Beschwerlich war die Wanderung, und als es Abend wurde, bauten sie ihr Zelt auf. Todmüde fielen sie in ihre wärmenden Decken und schliefen wie die Murmeltiere. Noch vor dem Morgengrauen wachte Vater Jakob auf, rüttelte seinen Schüler wach und sagte ihm: „Öffne die Augen und schau hinauf zum Himmel. Was kannst du sehen?" Noch schlaftrunken antwortete dieser ihm: „Heiliger Vater, ich sehe die hellglänzenden Sterne." Nach einem Augenblick fügte er hinzu: „Wie herrlich und großartig hat doch Gott das Weltall geschaffen. Ich bin von der Größe der Schöpfung bewegt. Unendliche Weiten tun sich vor mir auf. Wie klein hingegen bin ich angesichts dieser kaum begreifbaren Werke Gottes."

„Ach, mein Freund", stöhnte Vater Jakob, „siehst du denn gar nicht, dass heute Nacht ein Gauner unser Zelt gestohlen hat? Wir schlafen unter freiem Himmel.“

Diese kleine Anekdote ließ mich schmunzeln, hat mich aber auch nachdenklich gemacht. Ich habe sie in meinem Gedächtnis bewahrt. Auf die Sichtweise kommt es im Leben an. Unter welchem Blickwinkel sehe ich diese Welt? Meist haben die Ereignisse zwei Seiten. Leide ich unter dem Verlust und den Widerwärtigkeiten, die mir begegnen, oder sehe ich die herrlichen Taten Gottes über meinem kleinen Ich? Wird es mir gelingen, mich von der Allmacht meines Herrn bestimmen zu lassen und hoffnungsvoll nach vorne zu schauen, oder lasse ich mich von der brutalen Wirklichkeit niederdrücken?

Hilfe, meine Tochter hat sich verliebt

Lange habe ich heute mit Claudias Mutter zusammengesessen. Draußen war es inzwischen dunkel geworden. Sie schüttete ihr Herz vor mir aus. Die Fülle der Probleme nahm ihr fast die Luft zum Atmen. Ihre Tochter hatte nach dem Ingenieurstudium keine Arbeit in Deutschland gefunden und war nach England ausgewandert. Dort bot man ihr in einem Konstruktionsbüro eine gut bezahlte Stelle an. Zunächst waren die Eltern glücklich darüber. Claudia fühlte sich im fremden Land wohl und hatte auch Freunde gefunden, die ihr halfen, das Heimweh zu überwinden.

Bei ihrem letzten Besuch erzählte sie begeistert:

„Papa, Mama, ich habe mich in Jamil verliebt. Er ist ein Arbeitskollege in der gleichen Firma und ist schon seit längerer Zeit aus dem Ausland nach England gekommen. Sein Studium hat er sogar mit einer Promotion abgeschlossen und wurde gleich bei der

Firma fest angestellt. Mutti, ich bin total glücklich. Jamil sieht gut aus, ist in seinem Beruf tüchtig, stammt aus einem reichen Elternhaus und verwöhnt mich immer wieder mit Geschenken. Pakistan ist seine Heimat. Weihnachten bringe ich ihn mit, wenn ich über die Feiertage heimkomme."

„Kind, Kind, hast du dir die Sache mit Jamil auch gut überlegt? Handle nur nicht voreilig."

„Nein, nein, macht euch keine Sorgen. Einen besseren Mann hätte ich gar nicht finden können."

Claudia ließ sich durch unsere Einwände nicht von ihrem Entschluss abbringen. Als sie schwanger wurde, organisierte Jamil die Hochzeit in Pakistan.

Claudias Mutter war von Anfang an skeptisch. Ihre Tochter war christlich erzogen und hatte in einem Ferienlager des Bibellesebundes Jesus als ihren Herrn angenommen. Danach besuchte sie regelmäßig einen Jugendkreis. Wie konnte sie nur jetzt ihren Glauben verleugnen und einen Moslem heiraten?, fragte sich die Mutter und machte ihrer Tochter deutlich: „Claudia, nur weil du ein Baby erwartest, musst du nicht heiraten.

Wir können dir beistehen und dir helfen, das Kind großzuziehen." Aber die Tochter ließ sich nicht umstimmen. Schon bald flogen die Eltern in das ferne Land, wo dann die Trauung in einer Moschee vollzogen wurde. Den Eltern war in dieser Situation sehr mulmig zumute, und alles war ihnen fremd. Mit der Heirat musste Claudia Muslima werden. Wie konnte sie nur aus Liebe zu ihrem Mann Jesus verraten?, fragten sich die Eltern. Auch wenn sie versicherte, in ihrem Herzen Christ zu bleiben, mahnte die Mutter: „Kind, Kind, es ist nicht recht, was du tust."

Aber ihre ernsten Worte waren in den Wind geredet. Solange Jamil seinen Beruf in England ausübte, konnte die Tochter noch ab und an einen christlichen Gottesdienst besuchen. Aber schon zwei Jahre später verlegte Jamil seinen Wohnsitz in die Heimat seiner Eltern. Sie hatten ihm ein wunderschönes Haus in der Stadt gekauft, und sein Vater – er war sehr einflussreich – hatte ihm auch eine gut dotierte Stelle beschafft. Die Eltern besuchten die junge Familie in Pakistan und waren entsetzt, als sie im Wohnzimmer lauter Bilder vorfanden, die Allah verherrlichten. In einer Ecke war sogar eine muslimische Gebetsstätte eingerichtet. Die Mutter gewann den Eindruck, dass nun die Eltern von Jamil das Leben der jungen Eheleute bestimmten. Muslimische Feste und Riten mussten eingehalten werden, und während des Fastenmonats Ramadan durfte am Tag weder etwas gegessen noch getrunken werden. Claudias Eltern waren darüber sehr bestürzt. Sie hatten ihrer Tochter den Konfirmationsspruch einrahmen lassen und ihn mitgenommen. Aber dieser durfte nirgends aufgehängt werden. Er verschwand hinter der Schrankwand. Zu Hause hängte dann die Mutter als Trost Claudias Spruch, den sie aus seinem Versteck befreit und mit nach Deutschland genommen hatte, über dem Bett auf. „Habe deine Freude am Herrn! Er wird dir geben, was dein Herz wünscht."

Ich selbst ermutigte sie: „Beten Sie täglich für Ihre Tochter und die junge Familie und denken Sie an die diesjährige Jahreslosung: ‚Bei Gott ist kein Ding unmöglich.'"

Ein Raumfahrer erzählt

Unglaubliches ist am 20. Juli 1969 geschehen. Zum ersten Mal in der Geschichte betraten Menschen den Mond. Im Rahmen des Apollo-Programms der NASA landete ein bemanntes Raumfahrzeug auf dem Mond. Die Astronauten wurden bei ihrer Rückkehr wie Helden gefeiert. In offenen, geschmückten Wagen fuhren sie durch die Prachtstraßen der Hauptstadt Amerikas. Die Bevölkerung jubelte ihnen zu, und aus den Fenstern regnete es Konfetti in Hülle und Fülle.

Nun, nach 40 Jahren, wurde dieses große Ereignis wieder gewürdigt. Die Astronauten wurden sogar von Präsident Obama empfangen, und im Weißen Haus in Washington herrschte großer Trubel. Das Fernsehen berichtete darüber. In einer Gesprächsrunde erzählten die Astronauten, wie abenteuerlich ihr Erleben war:

„Zunächst waren wir nach unserer Rückkehr die Helden der Nation. Dabei haben wir in der Öffentlichkeit nie darüber berichtet, wie riskant das Unternehmen war und dass es beinahe gescheitert wäre. Navigationsgeräte waren im Raumschiff ausgefallen, und fast wäre die Mondfähre an einem felsigen Gelände zerschellt. Nur durch das tapfere und wagemutige Eingreifen des Piloten wurde eine Katastrophe verhindert. Er griff zur Handsteuerung und konnte so die Raumfähre auf einem ebenen Gelände landen. Dabei war ihm bewusst, wie wenig Sprit noch im Tank war. Er reichte gerade noch für wenige Sekunden."

Die erste Mondlandung wurde zu einem internationalen Ereignis. In der ganzen Welt saßen mehr als zwei Milliarden Menschen vor den Fernsehschirmen. Wenn diese Astronauten damals auch großartig geehrt wurden, gerieten sie doch im Laufe der Jahre immer mehr in Vergessenheit. Das hatte schwerwiegende Folgen. Einige der gefeierten Helden fielen sogar in ein tiefes Loch und wurden des Lebens überdrüssig.

So berichtete einer von ihnen Folgendes über sein persönliches Erleben:

„Es war zu viel des Ruhmes, mit dem ich bedacht wurde. Ich stand auf der Höhe meines Lebens. Aber dann geriet ich schon nach wenigen Monaten in Vergessenheit. Andere

Ereignisse im Weltgeschehen traten in den Vordergrund und ich verkraftete den Sturz aus der Höhe in den tristen Alltag nicht. Meiner Frau ging es ähnlich. Zunächst wurden wir zu Empfängen und großen Partys eingeladen, dann aber flaute der Ruhm ab und es wurde still um uns herum. Meine Frau wurde mehr und mehr depressiv und verlor die Lust am Leben. In dieser Zeit wurde sie von Christen in eine Gemeinde eingeladen. Sie besuchte die Gottesdienste und Bibelstunden, und das Wort der Bibel bewirkte in ihr Heilung von der Schwermut. Sie selbst übereignete Christus ihr Leben und in ihrem Inneren wurde es wieder hell. Ich nahm diese Veränderung an ihr wahr, und weil ich selbst verzweifelt und trübsinnig geworden war, suchte ich nach einem Ausweg aus der Misere. Ich begleitete sie zu den Veranstaltungen in der Gemeinde, hörte Gottes Ruf in die Nachfolge und wurde bereit, mit Jesus zu leben. Mir wurde in dieser Zeit bewusst: Die Mondfahrt war nur eine Sache von wenigen Tagen, das Leben mit Gott aber bleibt für alle Ewigkeit."

Papa, ich lass dich nicht allein

Auf dem Krankenhausflur der Chirurgie I begegneten wir uns. Herr Martin konnte noch nicht zum Schlaf finden, und mir ging es nicht anders. Er war recht bekümmert, denn seine Blinddarmwunde eiterte, und wahrscheinlich musste er erneut unters Messer. Morgen würde der Arzt eine Entscheidung darüber fällen.

„So hätte ich mir meinen Urlaub mit meinem Liebling nicht vorgestellt“, begann er das Gespräch. „Ilona sollte bei mir ihre Ferien verbringen, und nun liege ich hier auf Station und weiß nicht, wie alles weitergehen soll. Ich musste das Kind zu meinen Eltern bringen, und das macht mich ungemein traurig. Pläne hatte ich für diese gemeinsame Zeit geschmiedet, wunderbare Pläne. Die heißen Tage laden ja regelrecht zum Schwimmen ein. Außerdem wollten wir den Frankfurter Zoo besuchen. Dort wurde gerade ein Giraffenbaby geboren, und meine Neunjährige liebt Tiere. Im Fernsehen wurde über Max, den neuen Zoobewohner, berichtet. Ohne dass ein Wärter anwesend war, erblickte das Tierbaby das Licht der Welt und stellte sich gleich auf seine eigenen Beine. Außerdem wollten wir noch mit einem Boot über den Edersee fahren. Doch nun sind alle meine Träume ins Wasser gefallen. Wie enttäuscht muss meine kleine Tochter sein. Nichts kann ich ihr bieten, gar nichts. Ich liege hier schon über eine Woche und weiß nicht, wie es weitergehen soll. Gäbe es nicht Ibuprofen, ich wüsste nicht, wie ich die Schmerzen ertragen sollte. Aber der morgige Tag wird Klarheit darüber bringen, ob ich ein zweites Mal operiert werde. Das Kind aber wartet vergeblich auf meine Entlassung, wenn die Wunde nicht heilt."

„Lebt Ilona sonst bei ihrer Mutter?", fragte ich behutsam.

„Ja, ich bin von meiner Frau seit zwei Jahren geschieden. Ingrid hat das Sorgerecht, mir aber wurde ein Besuchsrecht eingeräumt. Ich darf die Kleine alle 14 Tage zu mir holen, und auch die Ferien kann sie bei mir verbringen. So fahre ich alle 14 Tage übers Wochenende viele Kilometer, nur um meine Tochter um mich zu haben. Aber diese Mühe ist es mir wert. Mein Liebling bedeutet mir alles. Ich durchlebe gerade eine problematische, schlimme Zeit und weiß nicht, wie ich diese Kümmernisse durchstehen kann. Ich liebte meine Frau sehr. Dass unsere Ehe einmal in die Brüche geht, hätte ich nie und nimmer gedacht. Erst durch das Kind habe ich erfahren, dass Ingrid einen Liebhaber hat. Eines Abends kam ich müde von der Arbeit nach Hause, und da erzählte mir Ilona freudestrahlend: ‚Papa, morgen gehen wir mit unserem Nachbarn ins Freibad.' ‚Aber davon weiß ich ja noch gar nichts', wendete ich ein und zog mich bekümmert in unser Schlafzimmer zurück. Ich überlegte, wer denn dieser ‚dubiose Nachbar' sein könne.

Ein paar Tage später wollte ich mir Gewissheit verschaffen und kam schon zwei Stunden früher nach Hause. Ein Kollege vertrat mich an meinem Arbeitsplatz für diese Zeit. Vor unserer Garage stand ein fremdes Auto. Ich ging ins Wohnzimmer und sah, wie meine Frau mit einem Fremden Händchen haltend auf dem Sofa saß. Während ich auf der Arbeit schwer malochte, vergnügte sie sich mit einem Lover. ‚Das ist aber eine Überraschung', stammelte Ingrid erschrocken. ‚Ja', antwortete ich, ‚eine schöne Überraschung'. Ich musste das Wohnzimmer auf schnellstem Wege verlassen, bevor mir der Kragen platzte. Ich hätte dem Kerl eine Flasche Bier über den Kopf hauen können, so sehr kochte es in mir. Am nächsten Tag traf ich Ingrid zu Hause nicht an. Ein Zettel auf dem Tisch informierte mich, dass sie über das Wochenende mit Ilona zu ihrer Freundin gefahren sei. Wie lange sollte ich den Ärger noch aushalten? Ich musste mit Ingrid dringend reden, aber sie ließ mich einfach allein in der Wohnung sitzen. Und als sie wegen des Schulkindes doch heimkam, wich sie mir aus. Es herrschte eine kalte, bedrückende Stimmung im Haus. Wie sollte unsere Beziehung weitergehen? War unsere Ehe noch zu retten? Wer war der Fremde, und wie konnte das nur passieren. Ich quälte mich jeden Tag in der Firma ab, um das Geld für den Unterhalt zu verdienen, und zu Hause herrschte ein Tohuwabohu. Was dachte sich Ingrid eigentlich? Und dann fragte ich mich, ob ich an dieser Misere nicht auch Schuld trug. In meiner Freizeit und an den Wochenenden baute ich an Ingrids Haus herum, das sie von ihrer Großmutter geerbt hatte. Es war ein altes Haus und wurde in den sechziger Jahren errichtet. Ich habe es von Grund auf modernisieren wollen, habe Wände versetzt, neue Strom- und Wasserleitungen gelegt, ein neues Bad gebaut und um das Grundstück eine wunderschöne Buchenhecke angepflanzt. Ein Schmuckstück ist unser Garten mit einer Schaukel und einem Trampolin für Ilona. Vor zwei Jahren hatte ich die alte Küche herausgerissen und eine ganz moderne neue eingebaut mit allen Finessen. 17000 Euro musste ich dafür auf den Tisch blättern. Für meine Frau war mir das Beste gerade gut genug. Ich sparte jeden Pfennig. Im vergangenen Herbst stellte ich für Ingrid einen fast neuen Renault vor die Tür. Dafür nahm ich noch Nachtschichten in einer anderen Firma an, um die Raten abbezahlen zu können. Fast 20000 Euro kostete der Wagen. Ich verwöhnte meine Frau mit vielen Geschenken, aber, muss ich mir jetzt eingestehen, darüber habe ich unsere Beziehung vernachlässigt. Ich hätte mit ihr reden und nicht immer nur arbeiten sollen. Jetzt sitze ich da und habe alles verloren. Als mich ein Brief vom Rechtsanwalt überraschte, war mir klar: Unsere Ehe ist nicht mehr zu retten. Viel schmutzige Wäsche wurde nun zwischen uns gewaschen. Ingrid versuchte mit allen Mitteln, das Sorgerecht für Ilona zu bekommen, was ihr ja schließlich auch gelang. Dabei scheute sie sich nicht, Lügen aufzutischen und mir vorzuwerfen, ich hätte sie geschlagen. Das ist aber nicht wahr. Nie habe ich meine Hand gegen meine Frau erhoben. Ich habe bei dieser Scheidung fast alles verloren, aber zum Glück blieb mir noch das Besuchsrecht. Vielleicht hätte ich auch mehr um mein Kind kämpfen müssen, aber ich war mit den Nerven fertig. Ich konnte nicht mehr. Nun sind wir geschieden, und dafür musste ich an das Gericht und den Rechtsanwalt 8000 Euro bezahlen. Hätten mir meine Eltern nicht noch Geld geliehen, ich hätte nicht gewusst, wie ich diese Summe hätte zusammenbringen können. Meine persönlichen Sachen habe ich nach der Trennung in den Combi gepackt und bin damit zu meinen Eltern gefahren. Nun bin ich auf der ganzen Linie ein gescheiterter Mann und muss einen Berg von Schulden abbezahlen. Zweimal war ich so verzweifelt, dass ich mir das Leben nehmen wollte, aber der Gedanke an Ilona hat mich davon abgehalten. Das Kind braucht mich.

Als ich neulich wegen heftiger Schmerzen

den Notarzt aufsuchen musste, habe ich Ilona natürlich mitnehmen müssen. Der Arzt untersuchte mich und sagte dann: ‚Ich muss Ihnen eine Überweisung für das Krankenhaus ausstellen. Sie werden um eine Operation nicht herumkommen.' Da kam Ilona auf mich zu, drückte mich fest an sich und sagte: ‚Papa, ich lass dich nicht allein.' Dieser Satz hat mir bis ins Innerste wohlgetan. Nie werde ich ihn vergessen."

An dieser Stelle griff ich in das Gespräch ein. Über eine Stunde hatte ich still zugehört:

„Sehen Sie, Herr Martin, schon um Ihres Kindes willen dürfen Sie sich nicht heimlich davonschleichen. Kämpfen müssen Sie um neuen Mut. Gibt es denn einen größeren Beweis für Liebe als den Ausspruch Ihrer Tochter? Sie werden Ihr Leben nicht wegwerfen. Gewiss, Ihre finanzielle Situation ist total verfahren, aber Ihre Eltern werden Sie nicht im Stich lassen. Es ist doch schon wunderbar, dass Ihr Vater Ihnen das Obergeschoss zu einer kleinen Wohnung ausgebaut hat. Noch dürfen Sie Hoffnung haben, dass alles wieder gut wird. Es gibt Menschen, die zu Ihnen stehen und Sie lieben. Und dann darf ich Ihnen sagen, dass ein noch Größerer über Ihr Leben wacht. Gott hat Sie gewollt. In seinen Augen sind Sie ein wertvoller Mensch, auch wenn Sie vieles in den Sand gesetzt haben. Seine Liebe zu Ihnen hat er ja schon längst bewiesen, als er seinen Sohn auch für Sie geopfert hat. Christus verzeiht Ihnen alle Versäumnisse und will Sie auf einen neuen, guten Weg bringen. Diese Chance kann Ihnen niemand nehmen. Sie dürfen in die ausgestreckte Hand Jesu einschlagen und mit ihm eine Beziehung eingehen, die von seiner Seite nie gebrochen wird. Jesus ist treu." Nach einer kurzen Zeit der Stille fragte ich meinen Gesprächspartner noch: „Würden Sie mir erlauben, dass ich all Ihre Not in einem Gebet vor Gott bringe?"

„Ja, ich bitte darum", war seine Antwort. Ich faltete meine Hände und rief den Namen des Höchsten an. Danach nahm Herr Martin meine Hände in seine beiden starken Hände und drückte sie mir ganz fest. „Noch nie hat jemand mir so intensiv zugehört, mich verstanden und mir geholfen. Ich danke Ihnen sehr."

Aus meinem Zimmer holte ich mein Neues Testament, ich hatte es mir erst vor Kurzem zugelegt, weil es in so wunderbar großer Schrift gedruckt ist. Bevor ich es ihm gab, schrieb ich noch die Worte aus Jesaja 43,4 hinein: „Weil du so wertvoll bist in meinen Augen, spricht Gott, sollst du auch herrlich sein; denn ich habe dich lieb. Darum fürchte dich nun nicht, denn ich bin bei dir.“

Pastor von Bodelschwinghs Liebling

Pastor Friedrich von Bodelschwingh verehre ich sehr. Er hat mit seinem Leben und Werk in Bethel Zeichen gesetzt, was Liebe vermag. In unserer Zeit, in der so viele behinderte und kranke Kinder schon im Mutterleib getötet werden, hat er uns gezeigt, was Barmherzigkeit und Ehrfurcht vor jedem Menschen bedeuten. Ich entdeckte vor Kurzem eine Geschichte, die mich zutiefst ergriffen und erfreut hat. Darin berichtete die Ärztin und Diakonisse Rea Kulenkampff folgende Begebenheit:

Herrn Pastors Freund war unser Fritz. Fritzchen war so verkrüppelt und gelähmt, dass er zeitlebens nicht mehr konnte als auf einer Seite liegen, nur die dünnen Ärmchen bewegen und ein „Ja" und ein „Nein" hervorbringen. Aber er war ein Charakter und ein kleiner König und bei aller Schwachheit auch des Geistes dennoch von innerer Lebendigkeit und Originalität. Die Freundschaft mit seinem großen Namensbruder machte ihn stolz und glücklich. Wenn er Pastor Fritz's Schritt auf der Straße kommen hörte, gerieten seine Arme in ausfahrende Zappelbewegungen; er schrie und jauchzte. Und dann war da ein Strahlen und Lachen, wenn Herr Pastor dann da war und an seinem Bett saß! Dann musste er den Kopf tief in Fritzchens Kissen vergraben, damit der ihn mit seinen schwachen Händchen streicheln konnte. Dann fing eine Unterhaltung zwischen den beiden an, von der ich nie etwas habe verstehen können, die aber überaus lebhaft war und die gewiss immer voller wunderbarer Dinge und Gedanken gewesen sein muss. Denn beide waren dabei so glücklich und fröhlich, als wären sie ganz allein in einer wunderschönen Welt.

Der Höhepunkt des Jahres war für Fritz der Geburtstagsbesuch bei Herrn Pastor. Er wurde dann in einer Matratze in ein Auto gepackt und in Bodelschwinghs Garten auf dem Rasen gelagert. Wie konnte sich dieses armselige Kind so unbeschreiblich freuen! Und wie stolz war er, wenn Herr Pastor das Geld, das Fritz für ihn gesammelt hatte, Groschen für Groschen zählte, als habe er weiter nichts zu tun, als mit seinem kleinen Freunde zu feiern.

Als Fritzchens letzte Krankheit eintrat, besuchte Herr Pastor ihn täglich und bereitete seinen Geist, der trotz allen Elends leidenschaftlich am Leben hing, auf den Heimweg vor. Es war nachmittags, als Fritzchen auf seine Frage, ob er nun bereit und fröhlich sei, wenn der Heiland kommen und ihn zu sich holen würde, mit einem klaren „Ja" antwortete. Abends gegen zehn Uhr kam Herr Pastor noch einmal wieder, um Abschied zu nehmen. Bewegt stand er am nächsten Tag am Totenbett seines jungen Freundes, eines Kindes, das in der Welt nichts galt, dem Pastor Fritz aber ein Stück seines Herzens geschenkt und ihm das Leben mit Licht und Liebe überstrahlt hatte.

Reich gesegnetes Erzgebirge

„Ich bin der Bernd“, begrüßte mich der Küster, als ich aus dem Auto stieg. Hätte ich ihm antworten sollen: „Und ich bin die Lotte“? Ich wusste es nicht. Also schwieg ich. Der Küster, der auch zugleich Totengräber des Ortes war, führte mich in die wunderschöne große Kirche im Erzgebirge. Hier sollte ich den Gottesdienst halten. Weil ich nach einer Hüftoperation noch an Krücken ging, hatte Bernd vor dem Altar einen erhöhten Sitz errichtet, damit ich zum Predigen nicht die vielen Stufen zur Kanzel hinaufsteigen musste. Würde ich es aber schaffen, auf dieses Podest zu steigen? Ja, ich habe es geschafft. Noch bevor das Lied vor der Predigt verklungen war, gab mir der Pfarrer ein Zeichen, dass ich nun mit der Wortverkündigung an der Reihe sei. Ehe ich mich versah, packten Küster und Pfarrer mich rechts und links kräftig am Arm und hoben mich auf meinen erhöhten Platz. Mir war dies etwas peinlich, aber auf andere Weise wäre ich nicht hinaufgekommen. So konnte ich mich auf einen Stuhl setzen, hatte alle Zuhörer im Blickfeld und begann mit meiner Rede. Über 300 Gottesdienstbesucher waren gekommen. Das hat mich ins Staunen versetzt. Nicht nur das Kirchenschiff war voll belegt, sondern auch noch die beiden Emporen. Wunderbares Erzgebirge, wie reich bist du gesegnet, musste ich denken.

Der Gottesdienst in Neudorf hat mich tief beeindruckt. Zu Beginn standen rings um den Altar die Jungen und Mädchen von der Kurrende in ihren schwarzen Roben mit weißem Kragen. Ihre glockenreinen Stimmen beim Gesang der Liturgie erfüllten das Gotteshaus. Oben in der Nähe der Orgel hatte ein gemischter Chor Platz gefunden. Er sang drei Choräle. Jedes Wort seiner vorgetragenen Lieder war gut zu verstehen. Der Kantor leistete hier hervorragende Arbeit. So stimmte er die Menschen auf die Predigt ein. Immer wieder ergriff es mich, wie aufmerksam sie auf das Wort Gottes hörten. Der Traum Jakobs war mein Predigttext, und es war mir ein Anliegen, deutlich zu machen, wie Gott auch zu uns auf der Himmelsleiter herabkommen will, um unsere Ängste zu nehmen und unsere Schuld zu vergeben.

Im Anschluss an den Gottesdienst hatte

der Küster einen großen Tisch vor dem Altar aufgestellt. Darauf lagen auch meine Bücher. Dabei ergab sich noch ein etwas seltsames und mir zunächst unverständliches Gespräch. Ein jüngerer Mann kam – auch mit Krücken – auf mich zu. Wir unterhielten uns, und er erzählte mir, dass er einen Unfall erlitten habe. Im Juni sei dies passiert, und erst jetzt nach fast fünf Monaten gehe es ihm besser. Er wollte gerade auf seinem Anhänger ein Schaf wegbringen, als ein Auto mit hoher Geschwindigkeit auf ihn zukam und seinen Wagen rammte. Schwer verletzt musste er aus seinem Auto herausgeholt werden. Der Krankenwagen brachte ihn dann in eine Klinik. Nun bat er mich, ob er eine größere Menge Bücher kaufen könnte. „Wie viele möchten Sie denn haben?", fragte ich ihn. „15 Stück." Das war für mich kein Problem. „Also ich meine 15 von jedem Ihrer Bücher." Das verwunderte mich dann doch, und ich überlegte, was denn ein Schäfer mit so vielen Büchern vorhatte: Denn immerhin lagen zehn verschiedene Titel auf dem Tisch. Später hörte ich dann, dass dieser Mann gar kein Schäfer, sondern ein Pfarrer aus dem Raum Dresden sei. Um sein Pfarrhaus herum lag eine große Weide und darauf züchtete er Schafe. Immer in der Adventszeit bereitete er in seinen drei Gemeinden einen Büchertisch vor und brauchte aus diesem Grunde diese Menge. Nun war für mich das Rätsel gelöst.

Nach dem Gottesdienst waren mein Mann und ich ins Pfarrhaus zum Mittagessen eingeladen. Dabei lernte ich auch die übrigen Familienmitglieder kennen. „Amos ist unser Ältester“, stellte mir die Pfarrfrau ihren Sohn vor. „Er ist behindert, trägt teilweise autistische Züge und kann von Kindheit an überhaupt nicht sprechen.“ Und dann erzählte mir die Mutter noch: „Frau Bormuth, ich bin Ihnen schon vor einer Reihe von Jahren bei einem Frauenfrühstück in der Nähe der tschechischen Grenze begegnet. Damals trieb mich die Frage um, wie es mit unserem Amos weitergehen sollte. Einige Bekannte rieten mir, ihn in eine Anstalt zu geben. Sie, Frau Bormuth, nahmen mein Anliegen wahr und rieten mir: „Frau Pfarrer, wenn Sie es schaffen, Ihren Jungen in der Familie zu versorgen, dann würde ich ihn an Ihrer Stelle zu Hause behalten. Für ein total sprachgestörtes Kind ist es sicher notvoll, sich inmitten anderer schwer behinderter Menschen zu behaupten. Es besteht die Gefahr, dass er sich ausgegrenzt fühlt. Solange Gott Ihnen die Kraft gibt, sollten Sie Amos in der Familie versorgen. Vielleicht gibt es ja in Ihrer Nähe eine Werkstatt, wo Behinderte tagsüber eine Arbeit verrichten und erst am Spätnachmittag nach Hause kommen. So ist dann der Tagesablauf Ihres Kindes gut strukturiert." Diesen Rat hatte die Pfarrfrau angenommen und ihn auch als hilfreich empfunden. Ich selbst konnte mich an dieses Gespräch gar nicht mehr erinnern. Aber nun war es mir eine Freude, dass ich Amos selbst begegnen konnte. Zu seiner Familie hat der Junge ein inniges Verhältnis, besonders aber zu seiner Mutter. Am Mittagstisch saß er neben ihr und strich ihr mit seiner großen, warmen Hand mehrfach über den Kopf. Öfter lehnte er sich auch an Mutters Schulter. Dabei rückte er mit seinem Stuhl ganz nahe an sie heran. Die Liebe dieses Kindes hat mich sehr berührt. Ich konnte der Mutter nur sagen: „Ihr Amos gehört zu Gottes besonderen Lieblingen. Wertvoll ist er in seinen Augen. In unserer oft kalten, rauen Welt setzt Ihr Junge ein Zeichen der Nähe und Vertrautheit. Sicher wird es Ihnen nicht immer leicht sein, wenn Sie gesunde Kinder wahrnehmen. Aber das sollen Sie wissen: Sie sind reich, sehr reich sogar. Und Jesus sagt selbst: ‚Wer ein solches Kind aufnimmt in meinem Namen, der nimmt mich auf.' Wie sehr hat unser Herr gerade die geliebt, die seiner Fürsorge besonders bedurften. In der Bibel wird uns berichtet, wie er Kindern die Hände auflegte, sie herzte und ihnen seinen Segen zusprach. Was in unserer Welt so gering eingeschätzt wird, ist in Gottes Augen herrlich und groß. Jesus möge Sie immer wieder neu stärken in Ihrer nicht leichten Aufgabe, aber vergessen Sie es nie: Sie halten einen kostbaren Schatz in Ihren Armen. Heute habe ich gelernt, dass Ihr Amos auch mein Amos ist, Frau Pfarrer, und ich werde seinen Namen in meinen Gebeten vor Gott bringen. Wie reich bin ich doch in der Begegnung mit Ihrer Familie gesegnet worden."

Ein Brief aus dem Erzgebirge

Ein Brief hat mich heute hoch erfreut. Die Absenderin war mir unbekannt. Ich will sie hier Frau Kellermann nennen, und sie hat mir ausdrücklich erlaubt, etwas aus ihrem Leben zu berichten.

Auf vier verschiedenen bunten Ansichtskarten mit Herbstmotiven schrieb sie mir:

Liebe Lotte Bormuth, ganz liebe Grüße aus dem schönen Erzgebirge. Ich bin 46 Jahre alt, seit 27 Jahren verheiratet und Mutter von drei erwachsenen Söhnen. Schon seit einer Reihe von Jahren lese ich mit wachsender Begeisterung Ihre kostbaren Geschichten mit den wahren Begebenheiten aus dem Leben. Das tut so gut, ist tröstlich, baut auf und bringt mich zum Nachdenken, Schmunzeln, Lachen und Weinen. Ich danke Gott von ganzem Herzen, dass es Sie gibt. Sie bereichern mit Ihrer natürlichen, aufrichtigen Art mein Leben und auch das Leben vieler Männer und Frauen. Mich sprechen besonders Erfahrungen von Gottes Eingreifen an, gerade dann, wenn es menschlich gesehen keine Hilfe und Lösung gibt. Ich habe dies selbst erfahren.

Ich bin in einem Elternhaus aufgewachsen, dem der Glaube an Christus fremd war. Als ich jung war, gehörte ich zu den „Roten“ und war auch der festen Überzeugung, dass die Ideologie der DDR unserem Land nützen würde und es in jeder Weise voranbringen könnte. Dann aber zog eine junge Pfarrfamilie in das Haus meiner Großeltern ein. Auf dem Hof stand eines Tages der Kinderwagen dieser Leute. Ich war neugierig, und da ich Kinder sehr liebte, fragte ich die Mutter, ob ich das Baby spazieren fahren dürfte. Auf diese Weise entstand mein erster Kontakt zu Christen. Ich sah, wie sie in der Hingabe an Gott lebten und auch in der Ehe füreinander einstanden. Natürlich gab es auch in ihrer Familie Konflikte und Krankheitsnöte. Sie suchten aber ihre Hilfe bei Gott. Damals verstand ich dies nicht und schmunzelte zuweilen über ihr naives Vertrauen zu Jesus. Ich war zu der Zeit ein begeisterter Anhänger der FDJ. Die Pfarrfrau aber liebte mich und begann für mich zu beten, wie sie mir später erzählte. Sie war der Ansicht, dass es schön sei, wenn ich meine Gaben und Fähigkeiten für Gott in seinem Dienst einsetzen würde. Auf wunderbare Weise erhörte der Herr dieses Beten und ich übereignete Christus mein Leben. Das heißt aber nicht, dass mit diesem Schritt zu Jesus alle meine Nöte und Sorgen gelöst worden wären. In der Familie gingen wir manchmal durch schreckliche Tiefen. Krankheiten trieben uns in die Enge. Aber das Vertrauen zu meinem Schöpfer gab mir Kraft und neuen Mut durchzuhalten. Das Schwere hat mich tapfer und standhaft werden lassen, und dafür bin ich dankbar. Manchmal fühlte ich mich schon wie in einem Tollhaus, und meine Freunde rieten mir sogar, ein Buch über mein Leben zu schreiben. Gerade in erzieherischen Konflikten mit den heranwachsenden Söhnen verlieh der Herr mir Tragkraft, Weisheit und Geduld. Ich kann Gottes Liebe in ihrer Tiefe kaum begreifen. Ich habe gelernt, dass mir alle Dinge zum Besten dienen. Sogar den Unfall, den ich als Kind erlitten habe, nehme ich jetzt aus Gottes Hand. Beim Spielen mit Pfeil und Bogen hat mich mein Bruder schwer verletzt, sodass ich auf einem Auge kaum noch Sehkraft besitze. Aber immer besser will ich begreifen, dass die Freude am Herrn meine Stärke ist.

Ihnen, liebe Frau Bormuth, wünsche ich Gottes reichen Segen.

Der Verrat in der DDR

Vor mir liegen die Erinnerungen einer Frau, wie sie sie wohl an dem dunkelsten Tag in ihrem Leben durchleiden musste:

„Halt! Bleiben Sie stehen!“, wurde ihr Vater laut angeschrien. Es war spät am Nachmittag, und eine anstrengende, aber erfolgreiche Fahrt nach Berlin lag hinter ihm. Nun war er auf dem Heimweg mit seinem alten, klapprigen Fahrrad. Gerade bog er an der Ecke bei Foto Wolff in Würzen ab, um zu seiner Lotte nach Großschepa zu fahren, als er gestoppt wurde. Galt dieser Befehl etwa ihm? Er blickte sich um und stieg von seinem Drahtesel. Sofort wurde er von drei Herren in langen, schwarzen Ledermänteln und Hüten umringt. „Ausweis und Taschenkontrolle! Wo kommen Sie her? Was führen Sie mit sich? Los, alles vorzeigen!“

Der Vater wusste nicht, wie ihm geschah. Langsam kramte er die wenigen, aber für ihn kostbaren Lebensmittel hervor. Es blieb ihm keine andere Wahl. Widerwillig und wie unter Schock gehorchte er. So holte er ein Päckchen Kakao und eine Dose Kaffee aus seinen Taschen. Er zögerte einen Moment. Alles in ihm sträubte sich. Nein, das Medikament wollte er diesen Kerlen nicht geben. Aber schon langte einer der Polizisten barsch in seine Hosentasche und beförderte die so lebensnotwendigen Tabletten ans Tageslicht. „Was soll das? Wo haben Sie die Arznei her? Das ist ja Penicillin."

Was hatte Vater nicht alles auf sich genommen, um dieses so wichtige Medikament auf dem Schwarzmarkt erstehen zu können. Im Ostsektor gab es kein Penicillin, und so blieb ihm nur dieser Ausweg nach Westberlin. Im Krankenhaus in Würzen lag sein Töchterchen, mit sehr hohem Fieber. Der Tod schlich schon um das Krankenzimmer. Nur ein Antibiotikum könnte die Kleine noch retten. Das hatten die Ärzte gesagt. Vater hatte bei Verwandten um Geld gebettelt, und da er als Lokführer bei der Reichsbahn arbeitete, konnte er Freifahrtscheine erhalten. Vielleicht würde es ihm doch noch gelingen, diese Medizin herbeizuschaffen. Damals, 1952, lag der Zweite Weltkrieg erst sieben Jahre zurück. Vieles war knapp und nur auf dem Schwarzmarkt zu haben. Koste es, was es wolle, er war fest entschlossen, seine kleine Sigrid nicht dem Tode preiszugeben.

Zu Hause betete seine Frau für eine erfolgreiche Fahrt. Mit dem Gefühl, sein Ziel erreicht zu haben, befand sich Vater nun auf dem Heimweg. „Herr Bitterlich, wo haben Sie die Sachen her? Wir müssen alles beschlagnahmen. Sie haben sich strafbar gemacht. Ihnen wird Veräußerung der DDR-Währung vorgeworfen." Der Vater flehte, ja bettelte die Herren von der Staatssicherheit an, ihm doch das Penicillin zurückzugeben. Seine Tochter sei nur noch mit diesem Medikament zu retten. Aber alle seine Bitten waren vergeblich. Auf Kaffee und Kakao hätte er gerne verzichtet, aber das Penicillin brauchte er so dringend. Wut, Verzweiflung und Schmerz trieben ihm die Tränen ins Gesicht. Nur noch fünf Kilometer hätte er fahren müssen, bis er sicher mit seinen so kostbaren Waren zu Hause war. Er war doch so glücklich gewesen, dass es ihm gelungen war, die Medizin in Westberlin aufzutreiben, obwohl er viel Geld dafür hatte hinblättern müssen. Und nun wurde ihm alles genommen. Zu Hause hatte die Mutter unruhig den lieben langen Tag gewartet. Ihr Mann musste doch Erfolg haben, da sie so viel gebetet und Gott um Hilfe angerufen hatte. Sigrid, der kleine, süße Sonnenschein der Familie, sollte doch nicht sterben. Sie war noch nicht einmal zwei Jahre alt und ein so hübsches Kind. Das lockige Haar hatte ihr der Pfleger zu einer Tolle hochgekämmt. Richtig niedlich sah der kleine Schatz aus. Nun aber lag das Kind elend und blass in seinem Gitterbettchen. Eine Lungenentzündung machte ihm schwer zu schaffen. Würde es gelingen, das heilende Medikament zu besorgen? Sehnsüchtig schaute sie zu Hause aus dem Fenster. Allmählich wurde es schon dunkel. Wo blieb nur ihr Mann so lange? Längst hätte er da sein müssen. Plötzlich hörte sie das Hoftor knarren. Voller Hoffnung eilte sie ihm entgegen. Als sie aber in sein Gesicht sah, ahnte sie nichts Gutes. „Nun sag schon, Rudi, was ist passiert?“, rief sie ihm entgegen.

„Alles, alles haben die Hunde mir weggenommen. Irgendjemand muss mich verraten haben. Ich habe mich in Westberlin so bemüht, und es war mir sogar gelungen, Penicillin auf dem Schwarzmarkt zu erhalten. Aber auf dem Heimweg wurde ich kontrolliert, und die Kerle haben mich total ausgeraubt. Ich kann nur froh sein, dass sie mich nicht noch in den Knast gesteckt haben. Ich bin fertig, total fertig mit meinen Nerven. All mein Bemühen war umsonst."

Einige Tage später, als der Eisenbahner wieder im Dienst war, hatte er zwischen zwei Zügen einige Stunden Zeit. Plötzlich überfiel ihn eine schreckliche Unruhe. Aufgeregt lief er in Würzen auf dem Bahnsteig hin und her. Schließlich hielt er es nicht länger aus und sagte zu seinen Kollegen: „Ich gehe noch einmal ins Krankenhaus zu Sigrid. Bis der nächste Zug abfährt, bin ich wieder zurück." Zu Hause saß die Mutter in der Küche und richtete das Essen. Es war gerade Mittagszeit. Plötzlich klopfte jemand ziemlich heftig an der Haustür. „Lotte, bist du da?" Es war Frau Vetter, die Wirtin aus der Gaststätte, die auch die Poststube betreute. „Lotte, das Krankenhaus hat angerufen. Du sollst sofort zu Sigrid kommen."

Ein mulmiges Gefühl beschlich die Mutter. Sie ging in den Schuppen, holte ihr Fahrrad heraus und fuhr sofort los. Als sie im Krankenhaus angekommen war, traf sie ihren Mann auf dem Flur. Unruhig lief er auf und ab. Wie aus einem Munde fragten sie beide: „Na, was machst du denn hier?"

„Ich habe es auf dem Bahnhof nicht mehr ausgehalten und wollte unbedingt nach der Kleinen sehen. Es steht nicht gut um sie. Eben haben sie mich aus dem Zimmer geschickt, weil Sigrid noch gebadet, gewindelt und gespritzt werden soll."

„Und ich wurde von der Wirtin gerufen. ‚Mit unserem kleinen Schatz stünde es nicht gut.'"

Das Warten auf dem Gang wurde den Eltern zur Qual. Jeder hing seinen eigenen Gedanken nach. Endlich öffnete sich die Tür des Patientenzimmers. „Sie dürfen jetzt zu Ihrer Tochter", winkte die Krankenschwester die Eltern zu sich heran. Voller Angst standen sie am Bett ihres Kindes. Das Atmen fiel ihm schwer. Sie ahnten, dass es nun zu Ende gehen würde. Um 15 Uhr 40 hörte das kleine Herz auf zu schlagen. Es war der 22. Februar 1952. Sie behielten das Händchen von Sigrid fest in ihren starken Händen und mussten spüren, wie es mehr und mehr erkaltete. Tränen liefen ihnen über die Wangen. Sie verließen das Krankenhaus, und auf dem Weg zu ihrer Wohnung überfiel sie die

Wut. „Warum nur war dir das Penicillin abgenommen worden? Unser Kind hätte vielleicht mit diesem Medikament gerettet werden können“, machte sich die Mutter Luft. „Ja, Mutter, diese Kerle vom Staatssicherheitsdienst haben kein Herz in ihrer Brust. Sie haben Sigrid die Chance zum Leben genommen. Die DDR ist ein Unrechtsstaat, wir aber müssen darin leben und das Leid erdulden. Ich könnte wahnsinnig werden bei dem Gedanken, dass ich verraten worden war“, schimpfte Vater. So blieben sie mit ihrem Schmerz allein.

Das zerknitterte Beffchen

Auf einer meiner Vortragsreisen besuchte ich am Sonntag den Gottesdienst. Eine Bekannte, die ich mehrere Jahre nicht gesehen hatte, betrat die Kirche, begrüßte mich herzlich und setzte sich neben mich. Eigentlich war jetzt nicht die Zeit, sich zu unterhalten, denn gleich würde die Orgel den ersten Choral anstimmen. Und doch nutzten wir die wenigen Minuten zu einem kurzen Austausch. „Lang, lang ist's her, Lotte, dass wir uns bei Tagungen getroffen haben“, begann sie das Gespräch. „Damals waren unsere Kinder noch in der Schule. Dein Jüngster steckte noch in den Windeln. Heute würde ich deine Tochter und Söhne kaum wiedererkennen. Aber neulich führte uns ein Verwandtenbesuch in die Gegend deines Ältesten. Wir lasen seinen Namen im Kirchenblatt und gingen am Sonntag in seine Gemeinde. Nachdem der Gottesdienst zu Ende war, verabschiedete dein Sohn alle Besucher. Es war erstaunlich, dass er uns sogleich erkannte. Er ist immer noch derselbe, fröhliche Typ, der er früher schon war. Dann fiel mir aber auf, dass sein

Beffchen ziemlich zerknittert war, und ich sagte es ihm auch in netter Weise."

„Ja", wandte ich ein, „so ist Gottfried nun einmal. Aufs Äußere legt er keinen großen Wert. Ich bin schon froh, wenn nur das Beffchen zerknittert ist und nicht die Predigt. Gottfried lebt sehr nahe an seinen Gemeindegliedern. Das ist ihm wichtig. Er kümmert sich um ihr Wohlergehen und sucht immer wieder den Kontakt zu ihnen." In diesem Augenblick setzte die Orgel machtvoll ein und spielte den Choral *Wer nur den lieben Gott lässt walten und hoffet auf ihn allezeit.* Nach dem Gottesdienst verabschiedete ich mich von meiner Bekannten, aber die Sache mit dem zerknitterten Beffchen beschäftigte mich hernach noch immer. Sollte ich meinem Sohn sagen, dass er mehr darauf achten sollte, wie er gekleidet ist? Nein, das wollte ich nicht tun.

In diesem Jahr ist Gottfried 50 Jahre alt geworden, und mit seiner ganzen Gemeinde – 185 Besucher an der Zahl – feierte er dieses Fest auf dem Pfarrhof. Ich kann und will ihn auch nicht verändern. Er ist ein treusorgender Hirte seiner Gemeinde. Und das ist mir das Wichtigste. Als ich neulich seine Familie besuchte, war ich überrascht, wie oft es an der Haustür schellte. Und wenn keiner kam, dann klingelte das Telefon. Ab und an hörte ich außerdem noch die Glocken der Kirche läuten. Tapfer steht ihm seine Frau zur Seite. Kein Besucher, ob Mann oder Frau, würde das Pfarrhaus verlassen, ohne dass ihm eine Tasse Tee und ein paar Plätzchen angeboten werden. Ihre dringende Hausarbeit verlegt Elisabeth meist auf den späten Abend. Ich bewundere meine Schwiegertochter. Sie ist eine Powerfrau. Ich wünschte, ich besäße ihre Kraft und ihren Einsatzwillen.

Ich erinnere mich an die Zeit, als Gottfried seine Freundin zum ersten Mal ins Haus brachte und sie uns vorstellte. Damals war sie noch Studentin der Medizin im ersten Semester. Einmal planten wir in unserer Stadt eine Evangelisation. Ich hatte die Werbung übernommen und war bereit, die Schaufenster und Brückengeländer zu plakatieren. Jeder Bürger unserer Stadt sollte erfahren, dass auch ihm die rettende Botschaft gilt: „Lass dich versöhnen mit Gott." Leider wurde ich krank und lag mit einer schweren Halsentzündung zu Bett. Elisabeth sprang für mich ein. Von der CDU lieh sie sich Plakatständer aus und beklebte sie. Mit Hammer, Draht und Nägeln bewaffnet machte sie sich auf den Weg. Fleißig packte sie zu und hatte nach zwei Tagen ihren Auftrag erfüllt. Ich konnte hernach meinem Sohn nur sagen: „Gottfried, das ist die richtige Frau für dich. Du hast eine gute Wahl getroffen. Keine Bessere kannst du als Pfarrfrau finden."

Ich habe mich darin nicht geirrt. Beide dienen sie Gott in der Gemeinde. Manchmal geschehen auch skurrile Dinge. Gottfried war vielleicht 14 Tage in Kaufungen, als er bei einem größeren Treffen der Landfrauen die Grüße der Kirche übermitteln sollte. Er hatte große Mühe, sich Zugang zum Podium zu verschaffen, und versuchte, sich einen Weg durch die Menge der Leute zu bahnen. Vor ihm stand die Leiterin des Vereins: „Hallo, junger Mann, hier wird nicht gedrängelt", wies sie ihn streng zurecht. Etwas erstaunt stellte sie dann später fest, dass der junge Mann ja ihr neuer Pfarrer war. Mit seinen 25 Jahren war er der jüngste Pastor in Hessen. Da kann eine solche falsche Einschätzung sehr leicht passieren.

Unser Sohn hat es sich von Anfang an zur Aufgabe gemacht, die Trauernden nach etwa zwei Wochen noch einmal zu besuchen. So stand er auch an einem etwas kühlen Tag vor dem Haus einer Witwe. Sie arbeitete gerade im Garten und war von dem Besuch überrascht: „Ach, Herr Pfarrer, Sie dürfen sich meine Beete nicht so genau ansehen. Mein Mann war lange krank, und so habe ich die Frühjahrsbestellung noch nicht vornehmen können. Es sieht wüst auf meinem Land aus." Spontan antwortete Gottfried: „Hätten Sie denn ein Paar Gummistiefel von Ihrem Mann, dann könnte ich Ihnen den Garten umgraben." Gottfried zog sich sein Jackett aus, schlüpfte in die Stiefel und grub der alten Frau das Land um. Wie gut, dass er zu Hause gelernt hat, wie man den Boden bearbeitet. Mit seiner Hilfsbereitschaft gewann er das Herz dieser trauernden Witwe, und sie war es auch, die ihren Nachbarn erzählte: „Unser neuer, junger Pfarrer hat mich besucht und mir sogar den Garten umgegraben."

Einmal rief spät abends noch eine Großmutter an: „Herr Pfarrer, Sie müssen zu mir kommen. Meine Tochter macht gerade eine Kur, und ich habe die Fürsorge für meine fünfzehnjährige Enkeltochter übernommen. Aber diese Aufgabe ist schwieriger, als einen

Sack Flöhe zu hüten. Ich habe Tanja erlaubt, mit ihren Freundinnen bis halb zehn Uhr abends auszugehen. Aber nun ist es schon fast elf Uhr, und Tanja ist noch nicht heimgekommen. Ich bin so in Sorge um meine Enkelin. Es wird ihr doch nichts Schlimmes passiert sein? Bitte, helfen Sie mir!"

Gottfried machte sich mit einem weiteren Gemeindeglied auf den Weg, um den Teenager zu suchen. Er wusste, dass sie einen türkischen Schulfreund hatte. Aber in dessen Wohnung konnte das junge Mädchen nicht sein. Das würden seine Eltern nicht erlauben. Gottfried überlegte und nahm an, dass sich die beiden vielleicht in der Wohnung von Tanjas Mutter aufhielten. Der Schlüssel hing ja in Großmutters Garderobenschrank. Die Vermutung war richtig. Heilfroh war die Oma, als sie Tanja wieder in die Arme schließen konnte.

Manchmal ruft mich unser Sohn an und bittet mich, für Schwerkranke, die in der Klinik liegen, zu beten. Ein Pfarrer leidet mit seinen Gemeindegliedern, wenn sie von Nöten stark betroffen werden. Sterbende sucht er im Krankenhaus auf und harrt oft an ihren Betten aus, bis Gott sie in seine neue

Welt heimgeholt hat. Einige Frauen aus seiner Gemeinde erzählten mir dies und waren dankbar für diesen nicht leichten Dienst der Sterbebegleitung.

In regelmäßigen Abständen geht Gottfried auch in die Kliniken und schaut, wie es seinen Gemeindegliedern geht. Er begrüßt sie freundlich, spricht ihnen ein Wort von Gott zu und betet mit ihnen. In einem Zimmer gab er einer jungen Frau, die nicht zu seiner Pfarrei gehörte, die Hand. Sie kam aus der Türkei und war Muslima. Ein längeres Gespräch ergab sich. Sie bat Gottfried, er möge ihr doch eine Bibel mitbringen, weil sie gern wissen wollte, was Jesus über den Stand der Frauen sagt. Er erfüllte ihr diesen Wunsch, und die Türkin begann eifrig in der Heiligen Schrift zu lesen. Da sie an einer lebensgefährlichen Krebserkrankung litt, verlangte sie immer wieder nach Trost. Gottfried ließ sich auf ihre Bitten ein. So öffnete sie sich dem Wort von Gott. Auch wenn Fatima auf Heilung hoffte, musste sie doch mit der Zeit einsehen, dass die Metastasen sich über den ganzen Körper ausgebreitet hatten. Die Diagnose der Ärzte erschütterte sie sehr. Sie musste an ihre noch kleinen Kinder denken und weinte viele Tränen in ihr Kissen. In dieser notvollen Zeit wurde ihr die Bibel zum Trost. An einem Besuchstag bat sie Gottfried: „Herr Pfarrer, ich weiß, ich werde sehr bald sterben müssen. Ich habe einen Wunsch an Sie: Würden Sie mich beerdigen?“

Gern erfüllte ihr Gottfried diese Bitte. Schon kurze Zeit später erlosch ihr Lebenslicht. Auf dem Friedhof versammelte sich eine große Trauergemeinde. Von überall her waren türkische Familien angereist. Die Menschen verharrten in großer Stille. Es wurde Gottfried geschenkt, die zentrale Botschaft des Neuen Testaments zu verkündigen: „Die Auferstehung Jesu ist die bestbezeugte Tatsache. Jesus selbst ist nicht im Tode geblieben. Als die gaffende Menschenmenge auf dem Berg Golgatha der Hinrichtung Jesu zuschaute und unser Herr schrecklich litt, hatte Gott schon den wunderbaren Auferstehungsmorgen an Ostern vor Augen. In der folgenden Liedstrophe kommt die Größe und Macht des neuen Lebens bei Gott zum Ausdruck:

‚Christ ist erstanden von der Marter alle. Des soll'n wir alle froh sein, Christ will unser Trost sein. Kyrieleis!‘

Auch Fatima durfte diesen Trost Christi erfahren." Die Siegesbotschaft vom Kreuz und von der Auferstehung drang kraftvoll zu den Trauernden.

So, nun habe ich Sie, meine lieben Leser, ein wenig in die Arbeit eines Landpfarrers hineingenommen. Bei der Fülle der Aufgaben, die er zu leisten hat, darf sicher mal das Beffchen zerknittert sein.

Pralinen für die schönste Frau im Allgäu

Vor einem Freizeitheim im Allgäu waren wir nach einer langen Fahrt angekommen. Mein Mann reichte mir die Gehhilfen, und ich stieg aus dem Wagen. Am Eingang stand eine Gruppe jüngerer und älterer Menschen. Ich nahm an, dass sie auch zu meiner Bibelfreizeit angereist waren. Der zweite Teil des Jesaja war mein Thema, und ich liebe diese Texte, die mir auf wunderbare Weise die Tröstung von Gott zusprechen. Wird uns unser Herr reich segnen können?

Als wir ankamen, geschah etwas Skurriles, und eine Frau erzählte mir später:

„Frau Bormuth, wir überlegten, wem wohl dieser eben vorgefahrene Wagen gehören würde. Einer von uns erwähnte sofort Ihren Namen und meinte: ‚Das können nur Bormuths sein, denn das Auto trägt ein Marburger Kennzeichen.‘ Ich aber war enttäuscht, als ich Sie sah. Mit hohen Erwartungen war ich hierher angereist, weil ich Sie kennenlernen wollte. Auf einem Ihrer Bücher ist Ihr Foto auf der Titelseite abgebildet. Aber heute sehen Sie ganz anders aus. Ich dachte, Sie seien jung und schön, aber nun sind Sie alt, und attraktiv kann man Sie auch nicht nennen. Dazu humpeln Sie noch auf Krücken. Ich darf es Ihnen doch sagen, da Sie ja nicht so zimperlich sind, wie ich aus Ihren Geschichten herauslese, und Sie mir die Kritik nicht übelnehmen."

Ich war etwas irritiert, musste aber im Stillen doch schmunzeln. Mit einem schelmischen Unterton ließ ich die Teilnehmerin wissen: „Na ja, ich bin ja nicht hier zu einem Schönheitswettbewerb angereist. Wer Claudia Schiffer oder Heidi Klum erwartet hat, muss natürlich enttäuscht sein. Aber wir werden uns schon zusammenraufen; denn was uns auf der Freizeit miteinander verbindet, ist das Wort von Gott." „Ja, Sie haben recht, Frau Bormuth; aber eine schöne Frau auf der Kanzel kann auch zum Gelingen einer solchen Freizeit beitragen." „Gewiss, aber nun müssen Sie sich mit mir zufriedengeben. Sie werden diese Zeit gut überstehen, und ich glaube, dass Gott uns einen reichen Schatz aus seinem Wort zur Verfügung gestellt hat."

Diese Begegnung beschäftigte mich mehr, als es mir dienlich war. Und doch verlebten wir zehn Tage in guter Gemeinschaft und herrlicher Umgebung. In dieser einzigartigen Schönheit der Berge konnte unsere Seele tief durchatmen. Der Herr schenkte uns ein vertrautes Miteinander, und oft ergaben sich seelsorgerliche Gespräche. Ich durfte trösten und immer wieder ermutigen. Im Gebet stärkten wir uns, und manche Träne konnte getrocknet werden. Viel zu schnell gingen die Bibeltage zu Ende. Als es darum ging, Abschied zu nehmen, ergriff noch einmal ein Herr das Wort. In einer kurzen Rede dankte er für den Reichtum, den er durch das Jesajabuch erfahren hatte. Am Schluss hielt er ein Tütchen mit Süßigkeiten in die Höhe und sagte: „Pralinen für die schönste Frau nach dem Herzen Gottes im Allgäu." Ich musste lachen. Dieser Teilnehmer hatte nämlich in der Gruppe gestanden und mit angehört, wie Frau Sonnefeld (Name ist geändert) ihre Enttäuschung bei unserer Anfahrt zum Ausdruck gebracht hatte. Mit den Pralinen für die „schönste Frau" wollte er den ungeschickten Ausrutscher wieder wettmachen. Übrigens waren die Pralinen hervorragend. Auf unserer Heimfahrt ließ ich sie mir schmecken und reichte auch meinem Mann immer wieder eine, damit er ja nicht vergaß, dass die „schönste Frau“ neben ihm saß. Natürlich hat mich die Frage nach Alter und Schönheit lange bewegt. Aber was ist in unserem Leben wesentlich? Ein Gesicht ohne Falten, ein Gang, wie ihn Models auf dem Laufsteg vollführen, eine Figur, die in Kleidergröße 38 passt, schwarze, rote, blonde Haare ohne einen Hauch von Grau? Ich möchte mich an anderen Werten orientieren. Schönheit ist für mich die warmherzige, liebevolle Ausstrahlung, die ein Mensch verbreitet. Dabei werde ich an meine Großmutter erinnert. Sie war mir die beste und liebste Großmutter der Welt. Ein hartes, entbehrungsreiches Leben hat sie geprägt. Als Bäuerin eines stattlichen Hofes in Bessarabien war sie am Morgen die Erste und am Abend die Letzte, die nach dem Rechten sah. Zwölf Kinder hat sie geboren, sechs Jungen und sechs Mädchen. Die Hälfte ihrer Söhne und Töchter musste sie schon früh zu Grabe tragen. Später hat sie noch ihren Eduard in seiner langen Krankheitszeit betreut, als er herzleidend aus dem Russlandfeldzug nach

Hause kam, und musste auch an seinem Sarg stehen. Ihr jüngster Sohn Emil, Vater von vier Kindern, ist in der weiten Schneewüste Stalingrads verschollen. Er liegt irgendwo in fremder Erde, und kein Grab bietet der Familie einen Ort der Trauer. Einmal erzählte mir Großmutter: „Lottchen, ich habe in meinem Leben viel Herzeleid ertragen müssen, aber am wehesten war der Schmerz um meinen Enkel Paul, der als Heranwachsender an einem Herzversagen viel zu früh verstorben ist. Da meinte ich, das Herz würde mir im Leibe zerspringen. Ich habe für Paulchen bis zuletzt gehofft und gebetet. Eine Herzoperation hätte sein Leben retten können, aber sie kam zu spät." An Großmutter habe ich die schönsten Erinnerungen. Wenn wir bei ihr zu Besuch waren, flocht sie uns Enkeln die langen Zöpfe. Auf einem Fußbänkchen saßen wir vor ihr, und sie erzählte uns dabei die spannendsten Geschichten aus der Bibel. Wie bangte ich um den kleinen Mose, als er auf dem Wasser in einem Körbchen versteckt wurde, weil der grausame Herrscher alle kleinen Jungen getötet hat. Ich atmete auf, als die Tochter des Pharao ihn fand und ihn auf den Königshof mitnahm. Mose wurde dann später der Führer des Volkes Gottes in das Gelobte Land. Am liebsten hörte ich immer die Geschichte vom Sturm auf dem See, wo die Jünger in Todesnot gerieten. Laut schrien sie: „Herr, hilf uns, wir verderben!“ Und dann befahl Jesus dem bedrohlichen Unwetter und rief laut in das Tosen des Orkans hinein: „Schweig und verstumme!“ Dann wurde alles ganz still. Der Wind legte sich, und das Brausen der Wellen ließ nach. Nie mehr habe ich diese Geschichte vergessen. Wenn in unserer Familie die Stürme losbrachen, tröstete mich die Gewissheit: Jesus sitzt in meinem Boot, und Donner und Blitz, Meeresungetüm und Erdbeben, Feindseligkeiten und Todesnot werden mich nicht aus der Geborgenheit meines Herrn und Heilands reißen.

Großmutter lebt schon lange nicht mehr, aber die Erinnerung an sie macht mich glücklich. Ihr würde ich gerne auch die besten Pralinen für die schönste und liebste Frau nach dem Herzen Gottes schenken. Ihrem Vorbild strebe ich nach. Sie hatte ein liebendes, starkes Herz und ein unerschütterliches, festes Gottvertrauen.

Wenn Ehen zerbrechen

„Frau Bormuth, ich brauche Sie, damit ich mir einiges von der Seele reden kann. In unserem kleinen Ort will ich nicht über meine Probleme sprechen. Es war die schrecklichste Nacht meines Lebens, als die Polizei gegen drei Uhr morgens vor der Tür stand und mir mitteilte, dass mein Mann tödlich verunglückt sei. In der Nähe der holländischen Grenze war sein Lastwagen bei Glatteis ins Rutschen gekommen und hatte sich auf der Autobahn quergestellt. Ein Bus konnte nicht mehr rechtzeitig bremsen und fuhr auf ihn drauf. Der Notarzt wurde sofort gerufen und versuchte, meinen Mann wiederzubeleben. Aber leider konnte er nicht mehr gerettet werden. Seine Verletzungen im eingeklemmten Laster waren zu schwer. Fassungslos stand ich vor den beiden Polizisten. Sie boten mir noch an, unseren Pfarrer zu informieren. Aber in dem Augenblick hätte ich keinen Fremden um mich herum verkraftet. Nachdem die Männer fortgegangen waren, warf ich mich auf mein Bett und wollte in meinem Schmerz nur noch weinen, aber die Tränen blieben mir versagt. Dankbar war ich für meine Freunde, die mir in den darauffolgenden Tagen beistanden, für mich alle Behördengänge verrichteten und für eine würdige Beerdigung sorgten. Nun stand ich allein da. Andreas war noch keine zwei Jahre alt. Das Kind war mein ganzer Trost, und ich war entschlossen, für meinen Jungen gut zu sorgen. Meine Mutter wohnte in der Nähe, und zu ihr konnte ich den Kleinen bringen. So war es möglich, dass ich mir eine Arbeitsstelle suchen konnte. Jede erübrigte Mark legte ich auf dem Sparbuch meines Kindes an. Gewiss, ich verdiente als Verkäuferin im Supermarkt nicht viel. Da ich es gewohnt war, einfach zu leben, blieb mir am Ende eines Monats doch eine gewisse Summe übrig. Meine Mutter legte auch noch einen Batzen dazu, wofür ich ihr bis heute sehr dankbar bin. Andreas sollte, wenn er es schaffte, das Gymnasium besuchen und dann studieren. Das hatte ich mir zum Ziel gesetzt. Es war nicht leicht, meinen Plan in die Tat umzusetzen, aber heute bin ich stolz, dass mein Sohn Chemiker geworden ist und an der Universität eine hoch dotierte Stelle erhalten hat.

Als er Johanna kennenlernte und sie nach zwei Jahren heiratete, hing für ihn der Himmel voller Geigen. Übrigens war auch ich stolz auf meine Schwiegertochter. Sie hatte Pharmazie studiert. Ihr Vater vererbte ihr noch zu seinen Lebzeiten seine Apotheke. Anderthalb Jahre später wurden dem jungen Ehepaar Zwillinge geboren. Das Glück war groß. Zunächst aber stellte sich die Frage, wer denn nun die Kinder versorgen sollte. Johanna war der Ansicht, dass sie in der Apotheke unabkömmlich sei, zudem sie noch mehr verdiente als mein Sohn. Sie wollte gern, dass Andreas für drei Jahre Hausmann spielte. Mein Sohn willigte ein und nahm sich noch eine Tagesmutter dazu, denn allein hätte er es nicht geschafft, die Kleinen gut zu versorgen. So blieb ihm noch Zeit, etwas anderes zu unternehmen als Fläschchen zu geben und Windeln zu wechseln. Mein Sohn hatte sich in den Kopf gesetzt, in Ludwigshafen ein Appartementhaus zu bauen. Im Grunde fühlte er sich mit der Betreuung der Kinder unterfordert. Die Supernanny, so nannte er die Tagesmutter, liebte meine Enkelkinder und sorgte bestens für sie. Geld hatte die Familie genug, da die

Apotheke eine Goldgrube war. So gelang es meinem Sohn, in den letzten zehn Jahren drei Häuser zu bauen. Eins davon war ein altes Bauerngehöft, das er selbst wunderbar herrichtete. Er setzte Mieter in die Wohnungen, und so vermehrte sich sein Geld. Tag und Nacht überlegte Andreas, wie er ältere Bauten billig aufkaufen und sie restaurieren konnte. Diese Aufgaben füllten ihn so aus, dass er leider darüber seine Frau vernachlässigte. Wer will schon mit einem Mann in der Ehe zusammenleben, wenn er nur noch das Bauen im Kopf hat. Im Grunde hat Andreas es nicht verkraftet, dass er als promovierter Chemiker nur Hausmann spielen sollte. Inzwischen war noch eine Tochter geboren worden. So ging die Ehe nach vier Jahren in die Brüche. Das Sorgerecht für die Kinder wurde der Mutter zugesprochen. Verstehen Sie, Frau Bormuth, wie sehr ich leide? Die Enkel bekomme ich nur noch ganz selten zu Gesicht. Warum hat Andreas nicht auf mich gehört? Ich habe ihn gewarnt: ‚Hör auf, ein Haus nach dem andern zu bauen! Du musst dich um deine Frau kümmern, und auch die Kinder kannst du nicht der Tagesmutter überlassen.‘ Ich liebe meine Schwiegertochter, ich liebe unsere Kleinen, aber nun habe ich sie alle verloren. Mein Leben ist so leer geworden. Früher habe ich Kniestrümpfe für meine kleinen Schätzchen gestrickt und habe sie auch für drei Wochen an die See mitgenommen. Auf der Insel Rügen hatten wir eine wunderschöne Ferienwohnung direkt in Strandnähe angemietet. Aber auch das ist mir nun nicht mehr möglich. In unserem Ort spiele ich die glückliche Großmutter. Niemand weiß, dass mein Sohn geschieden wurde. Für mich ist dies eine große Schande, denn am Traualtar hat er doch Gott ewige Treue gelobt. Und nun ist das Malheur passiert. Was soll ich bloß tun?"

Still hörte ich dieser alten Mutter zu. Was hätte ich da raten sollen? Als Mutter darf sie sich nicht in die Familienangelegenheiten ihres Sohnes einmischen. Wahrscheinlich hätte er auch gar nicht auf sie gehört. Nur eines blieb ihr: vor Gott alles offen aussprechen und auf seine Hilfe hoffen. Und so beendeten wir das Gespräch mit einem Gebet und der Zuversicht, dass Gott auch aus dem Zerbruch etwas Neues schaffen kann.

Der rettende Enkel

Plötzlich blinkte in unserem Auto ein rotes Warnlicht auf: „Stopp!" Wir mussten schnell auf einen Parkplatz fahren, der glücklicherweise gerade vor uns lag. Mein Mann hielt den Wagen an, betrachtete den platten Hinterreifen und fragte ratlos: „Lotte, was machen wir jetzt?" Für einen Menschen, der sein Geld am Schreibtisch inmitten vieler Bücher verdient, stellt eine Panne ein schier unlösbares Problem dar. Ich fragte: „Karl Heinz, hast du schon mal ein Ersatzrad anmontiert?" Er schüttelte den Kopf, und nun war guter Rat teuer. Etwa dreihundert Kilometer bis zum Allgäu lagen noch vor uns. Aber wie aus dem Nichts kam die Rettung. Ein Mercedes stand vor uns auf dem Parkplatz. Der Fahrer, ein älterer Herr, machte gerade Rast und stieg mit seinem Begleiter aus dem Auto und kam auf uns zu. „Na, ist etwa Ihre Reise hier zu Ende? Haben Sie eine Panne?" Jetzt entdeckte der alte Herr unseren Reifen. „Regen Sie sich nicht auf. Das ist Ulli, mein Enkel. Als Maurer weiß er mit Handwerkszeug umzugehen. Er wird

Ihnen den Reifen wechseln. Öffnen Sie den Kofferraum, sicher steckt dahinten ein Ersatzrad."

Ist das wahr, was ich hier höre? Reagiert Gott so schnell auf mein stilles, aber kräftiges Rufen? Ich konnte es fast nicht begreifen, dass die Hilfe so schnell einsetzte. Ein stattlicher, hilfsbereiter Enkel aus Schmalkalden wollte sich unseres Problems annehmen? Der junge Mann zog sein Jackett aus, krempelte die Hemdsärmel hoch und begann sofort mit der Arbeit. Mein Mann hatte inzwischen den Kofferraum ausgeräumt und das Ersatzrad herausgeholt. Noch nicht einmal eine Viertelstunde dauerte es, bis der Schaden behoben war. Ich drückte unserem tüchtigen Helfer einen Geldschein in die Hand und schenkte ihm noch mein neues Buch. „Danke, aber das wäre nicht nötig gewesen. Ich helfe gern und verstehe mein Handwerk, auch wenn ich nur Maurer bin. Die Schrauben waren zwar fest angezogen, aber ich konnte sie doch lösen. Das freut mich selbst."

Er schaute auf den Titel des Buches „Ich habe immer an meine Rettung geglaubt" und musste schmunzeln: „Na, dann war ich heute Ihr rettender Engel", sagte er scherzend.

Dann verabschiedeten wir uns. Ich winkte ihm noch nach, bis wir um die Biegung des Parkplatzes verschwunden waren.

Der schwere Gang ins Gefängnis

Eine Mutter hatte mich zu einer Tasse Kaffee eingeladen. Sie war tief bekümmert, weil ihr Sohn der Idee der Rechtsradikalen total verfallen war. „Was habe ich bloß in meiner Erziehung falsch gemacht, dass dieses Unglück über unsere Familie hereinbrechen konnte", begann sie das Gespräch.

„Ich habe mir alle drei Kinder von Gott erbeten und sie schon früh mit dem Reichtum der biblischen Botschaft vertraut gemacht. Sie wurden getauft, besuchten den Kindergottesdienst und ließen sich konfirmieren. Bevor die Kinder morgens aufstanden, saß ich an ihren Betten, sang ihnen fröhliche Jesuslieder vor und lehrte sie das Beten. Wie konnte Thomas nur (der Name ist geändert) den verheerenden Einflüssen der Rechtsradikalen hörig werden? Wie groß muss ihre Macht sein, dass sie Kinder aus einer christlichen Familie herauslösen können und sie mit ihren Parolen zum Negativen beeinflussen? Mit 16 Jahren wollte unser Sohn nicht mehr mit uns den Gottesdienst besuchen. Schritt um Schritt trat eine Veränderung bei ihm ein. Das fing mit dem Haarschnitt an und hörte bei den Stiefeln und der Bomberjacke auf. Plötzlich marschierte unser Thomas mit in ihren Reihen, wenn Demonstrationen angesagt waren. Ich war entsetzt, warnte ihn, aber mein Reden beeindruckte ihn nicht. Mehrfach wurde er in Streitereien und in Vergehen gegen unseren Staat verwickelt und dann zu geringfügigen Strafen verurteilt, die zur Bewährung ausgesetzt waren. Aber in diesem Jahr hat er bei einem Diskothekenbesuch einen Mann so brutal niedergeschlagen, dass dieser ins Krankenhaus gebracht werden musste. Einige seiner Genossen hatten während einer Musikveranstaltung einen Streit vom Zaun gebrochen, bei dem ihr Anführer tüchtig in die Mangel genommen wurde. Da meinte unser Thomas, er müsse eingreifen und seinen Freund rächen. Er ist stark, sehr groß und ein schlagkräftiger Boxer. Er muss wohl seinen Verstand ausgeschaltet haben, als er den Diskothekenbesitzer mit seinen Fäusten bearbeitete. Das Nasenbein und zwei Rippen waren gebrochen. Außerdem hat er ihm noch mit seinen Stiefeln in den Leib getreten, als er schon am Boden lag. Es kam zur

Gerichtsverhandlung, und unser Sohn wurde zu sieben Monaten Gefängnis verurteilt. Bewährung war nach den vielen Vorstrafen nicht mehr möglich. Mein Mann und ich nahmen nicht an der Verhandlung teil, weil Thomas dies nicht wollte. Sein Verteidiger legte Revision ein und will erreichen, dass unser Sohn seine Gesellenprüfung noch vor Antritt seiner Haftstrafe machen kann. Ob dies gelingt, weiß ich nicht. Der Gedanke, dass mein Junge kriminell geworden ist und nun sieben wertvolle Monate seiner Jugend im Knast zubringen muss, treibt mich um. Er wird sicher nichts Gutes dort lernen, wenn er mit Mördern, Dieben, Betrügern und anderen Verbrechern zusammenleben muss. O Gott, was ist nur aus meinem Kind geworden, das ich betend aus seiner Hand empfangen habe."

Aufmerksam hörte ich den Klagen der Mutter zu. Plötzlich ging die Tür auf und Thomas trat ein. Er sah den gedeckten Kaffeetisch und die herrlichen Kuchen. „Mutter, ich muss mir noch ein paar Klamotten aus meinem Zimmer holen. Außerdem brauche ich meine Schallplatten, die ich beim Umzug in meine neue Wohnung vergessen habe. Mutter, du kannst mir noch etwas Streuselkuchen und ein paar Stückchen von der Kirschtorte einpacken. Ich habe einen Bärenhunger." Während die Mutter das Gebäck in eine Tupperdose legte, begrüßte ich Thomas. Er machte mir gegenüber einen freundlichen Eindruck. *Junge,* musste ich denken, *du bist ein Sohn vieler Gebete. Kehr um von dieser verderblichen Spur. Noch ist es nicht zu spät. Gottes Liebe begleitet dich auch in den Knast. Junge, du hast viele Beter allein schon in deiner Familie, und ich werde mir deinen Namen auch auf meine Gebetsliste schreiben. Der Herr segne dich!*

Gespräch auf einer Parkbank

In einem Freizeitheim nahe der Schweizer Grenze traf ich einen Lehrer, den ich einmal bis einer Seniorentagung kennengelernt hatte. Er war unser Referent. Seine Frau war vor einigen Jahren tödlich verunglückt. Das war ein furchtbar tragisches Ereignis. Nun hatte ihm Gott wieder eine wunderbare Frau an seine Seite gestellt, und die beiden hatten inzwischen geheiratet. Bildhübsch war Ute Winter (Name ist geändert) und mehrere Jahre jünger als ihr Mann. Ich habe mich sehr über diese Ehe gefreut, denn nun war der Witwer nicht mehr allein. Der Autounfall damals hatte ihn fast in die Verzweiflung getrieben. Ich gewann den Eindruck, dass er an der Seite dieser jungen, intelligenten Frau wieder aufgelebt war. Aber näher kannte ich Ute Winter nicht.

Mein Mann und ich waren gerade auf dem Weg in die Stadt und entdeckten, dass dieses Paar uns dicht folgte. Beide schienen das gleiche Ziel anzusteuern wie wir, einen Kaufmarkt. Wir verlangsamten unsere Schritte und gingen so miteinander. Mein Mann war glücklich, einen Fachkollegen getroffen zu haben, und beide vertieften sich in das Problem der vermehrten Aggression in den Schulen. Ich ging mit Frau Winter langsam hinter den beiden Männern her und gewann den Eindruck, dass sie mir etwas sagen wollte. Eine Parkbank kam uns gelegen. Ich war überrascht, dass Frau Winter nun Vertrauen zu mir fasste und das Gespräch begann:

„Frau Bormuth, ich bin dankbar, dass wir jetzt miteinander reden können. Ich kenne Sie von Ihren Büchern, die ich gerne lese. Eigentlich müsste ich die glücklichste Frau sein, aber ich stecke in einer tiefen Krise. Als junges Mädchen war ich schon einmal in eine Depression gerutscht, als mein Freund mich verlassen hatte. Etwa ein dreiviertel Jahr konnte ich meinen Beruf als Bankangestellte nicht ausüben. Zweimal lag ich in einer psychiatrischen Klinik. Dr. Wolf, ein tüchtiger Nervenarzt, nahm sich meiner an und holte mich aus dem tiefen Loch heraus, in das ich gefallen war. Danach folgten eine Reihe guter Jahre. Die Depression war überwunden. Ich hatte sogar das Glück, einen lieben Partner zu finden, und nun sind wir schon zwei Jahre verheiratet. In dieser Zeit durfte ich Zwillingen das Leben schenken. Im Gefühl, dass ich nun gesund war und von keiner Schwermut mehr geplagt wurde, machte ich einen großen Fehler. Ohne ärztlichen Rat setzte ich die Medikamente ab, die mir Dr. Wolf verschrieben hatte. Ich war ja glücklich und schwebte auf Wolke sieben. Ich weiß nun nicht genau, was einen Rückfall bei mir ausgelöst hat. War es der Stress mit Rebekka und Mareike, wodurch ich nachts nicht genug Schlaf bekam, oder war es die Umstellung vom Beruf als Bankangestellte zur Hausfrau? Ich kann es nicht sagen. Ich hätte wahrscheinlich die Medikamente weiternehmen müssen. Jedenfalls stellte sich wieder eine seltsame Traurigkeit ein. Meine Kinder konnte ich noch versorgen, aber die Fröhlichkeit des Glaubens und meinen Humor habe ich eingebüßt. Menschen wurden mir unerträglich, und oft musste ich auch weinen. In meinem Gemüt war ich zutiefst bekümmert. Auch für meinen Mann war es in dieser Zeit nicht leicht, mit mir umzugehen. Er musste vieles neu lernen. Eine Katastrophe rollte auf mich zu, als in der Presse der Selbstmord von Robert Enke bekannt wurde: Robert Enke ist der bekannte

Torwart in der deutschen Nationalmannschaft. Tagelang wurde in den Medien über seinen Tod berichtet. Wie sich dann durch eine Aussage seiner Frau im Fernsehen herausstellte, hat er auch unter einer schweren Depression gelitten. Aber diese Krankheit blieb sein Geheimnis. Er sprach nur mit seiner jungen Frau darüber. Die Angst trieb ihn um, dass er aus der Nationalmannschaft hätte ausscheiden müssen, wenn seine Schwermut bekannt geworden wäre. Außerdem hatte die Familie ihre kleine Tochter durch eine tödliche Krankheit verloren. Diese Belastungen hielt Robert Enke nicht länger aus und warf sich vor einen Zug, nur 200 Meter von dem Friedhof entfernt, wo sein Töchterchen beerdigt wurde. Der Freitod von Robert Enke war wie ein Sog, der auch mich in die Tiefe riss. Plötzlich bewegte mich nur noch ein Gedanke: Ach, wäre ich doch auch tot, dann hätten meine Ängste und mein Elend ein Ende. Ja, ich überlegte schon, ob ich Tabletten horten sollte. Fort wollte ich, nur noch fort. Und doch kam Rettung für mich. Plötzlich erinnerte ich mich wieder an meinen früheren Arzt. Ich rief Dr. Wolf an und teilte ihm meine Selbstmordgedanken mit. Bei diesem Telefongespräch machte er Nägel mit Köpfen. Ab sofort sollte ich wieder meine Medikamente einnehmen. Außerdem schickte er einen jungen Arzt bei mir vorbei und riet mir auch noch, meine beste Freundin zu informieren. Sie müsse unbedingt kommen und mir beistehen. Ich befolgte seinen Rat, aber die kritische Situation war nicht mit einem Schlag behoben. Es dauerte vier Monate, bis es mir besser ging. Noch immer leide ich an dieser psychischen Verstimmung. Aber im Sommer werde ich mit meinen Zwillingen zu einer Kur an die Nordsee fahren. Darauf freue ich mich schon. Frau Bormuth, ich will Ihnen danken, dass Sie sich so viel Zeit genommen und mir zugehört haben. Es tut mir gut, wenn ich meine Krankheitsnöte nicht allein tragen muss."

Während dieses Gesprächs habe ich Frau Winter nicht einmal unterbrochen. Zuhören kann auch eine heilende Wirkung haben. Ich drückte ihr die Hand und dankte ihr für ihr Vertrauen. „Beten werde ich für Sie in meiner Stillen Zeit am Morgen."

Wie wird es Frau Winter wohl jetzt ergehen? Es ist hilfreich, einen Menschen unter den Schutz des Vaters im Himmel zu stellen. Aus diesem Grunde liebe ich auch das Wort aus Psalm 91: „Wer unter dem Schirm des Höchsten sitzt und unter dem Schatten des Allmächtigen bleibt, der spricht zu dem Herrn: Meine Zuversicht und meine Burg, mein Gott, auf den ich hoffe.“

Du bist mein Zufluchtsort

Auf der Adventsfreizeit im Erzgebirge begegne ich einer Mutter mit ihren drei Kindern. Das kleinste ist gerade mal ein Jahr alt und braucht ihre ständige Aufsicht. Mit Jonathan (acht Jahre) und David (sieben Jahre) beschäftige ich mich in meiner Freizeit. Wir legen Puzzle zu einem Bild zusammen und spielen Tischtennis. Am meisten macht es den Jungen Freude, wenn sie mich dabei schlagen können, was sehr oft geschieht. Dann schaue ich wehmütig auf die Zeit meiner Jugend zurück, als ich flink wie ein Wiesel war. Heute geht alles viel langsamer beim Spiel, und Sport habe ich schon lange nicht mehr getrieben, höchstens etwas Gymnastik. Jonathan und David sind kluge und schöne Kinder, geschickt im Umgang mit dem Ball und gewitzt, wenn ich mit ihnen Rätsel oder Quizfragen löse. Manchmal ist es ihnen auch in unserer Gruppe langweilig, vor allen Dingen, wenn mittags fast eine Stunde lang gegessen wird. Dann kommen sie schon nach einer Viertelstunde zu mir an den Tisch und erzählen mir, was sie so alles beschäftigt und was sie für Hobbys haben. In der Schule lernt Jonathan schon Englisch und berichtet mir von seiner freundlichen und ausgezeichneten Lehrerin. „Zählen kann ich schon bis elf." Sogleich legt er los: „One, two, three ...." Auch die Farben sind ihm nicht fremd. Er zeigt auf meine Hose und sagt: „Black", auf meine Bluse und ruft: „Red", und dann lachen auch meine Tischnachbarn, als er auf meine Haare tippt und „white" flüstert. An einem Nachmittag setzt sich Jonathan auf meinen Schoß und erzählt: „Weißt du, Tante Lotte, mein Papa ist Doktor, ein richtig guter Doktor. Er leitet eine große Klinik für Herzkranke. Dort ist er sogar Chefarzt. Aber jetzt wohnt der Papa nicht mehr bei uns. Das finde ich total gemein, dass er zur Ute gezogen ist. In Hamburg haben sich die beiden eine neue Wohnung gemietet, und jedes zweite Wochenende holt er uns dann zu sich. Die Ute ist sonst ganz nett. Sie kauft uns manchmal Eis und geht mit uns in den Zoo oder ins Weihnachtsmärchen. Aber ich fände es viel besser, wenn Papa wieder zu uns ins Haus ziehen würde. Weißt du, unsere Mama ist oft traurig, und manchmal weint sie sogar. Ich habe schon Angst, wie es dieses Jahr bei uns an Weihnachten wird. Ich glaube, das hängt mit Papa zusammen. Er gibt ihr auch nur sehr wenig Geld, und wenn uns der Opa nicht diese Freizeit bezahlt hätte, dann hätten wir in den Ferien zu Hause bleiben müssen. So knapp sind wir bei Kasse. Ich kriege nur jede Woche einen Euro Taschengeld. Das geht doch nicht, wirklich nicht. Am Tag, wenn ich Fußball spiele oder mit meinen Freunden zusammen bin, dann denke ich nicht an Papa und Ute. Aber wenn ich abends im Bett liege, dann muss ich mir oft die Decke über den Kopf ziehen und weinen. Ich habe den Papa doch so lieb, und jetzt ist er fort. Warum hat er das bloß gemacht? An Weihnachten mag ich gar nicht denken."

Ich schweige lange und drückte das Köpfchen des Jungen an mich. Wie viel Leid erfahren Kinder, wenn die Ehe der Eltern auseinanderbricht. Wüssten sie, wie tief der Schmerz ist und wie viele Verletzungen ein Kind erleidet, dann würden sie es sich vielleicht doch überlegen, ob es richtig war, das Handtuch zu werfen.

Ich gewinne diese beiden Jungen noch lieber. Abends wollen sie immer an meiner

Andacht um 19 Uhr teilnehmen. So bemühe ich mich, auch lustige und für Kinder verständliche Adventsgeschichten in die Bibelarbeit einzubauen, die Groß und Klein erfreuen. Jonathan und David sitzen immer in der ersten Reihe. An einem Abend frage ich sie ganz spontan: „Könnt ihr uns nicht etwas erzählen oder auch ein Gedicht oder Lied vorsingen? Das würde auch den andern Gästen Freude bereiten." Sofort hebt Jonathan seine Hand und steht auf.

„Ich singe euch mein Lieblingslied vor." Dieser kurze Gesang geht uns wohl allen zu Herzen. Mit großer Begeisterung singt der Junge das folgende Lied von Jochen Klepper, und besonders die vierte Strophe bewegt mich:

Du bist mein Zufluchtsort.
Ich berge mich in Deine Hand.
Denn Du schützt mich.
Wann immer mich Angst befällt,
traue ich auf Dich.
Ja, ich traue auf Dich,
denn ich bin stark
in der Kraft meines Herrn.

Nicht nur ich, sondern wir alle waren bewegt. Seit diesem Erleben singe ich mir das Lied auch selbst vor. Es gibt Trost, Hoffnung und Mut.

Ich habe Gott geschaut

Nun war ich in die Klinik eingeliefert worden und wusste nicht, ob mir geholfen werden könnte. Der Arzt hatte mir zwar Mut gemacht und gesagt: „Frau Bormuth, Sie werden noch gebraucht.“ Aber würde er ein Mittel entdecken, das mich von meinen Schmerzen heilen könnte? Fast hatte ich das Laufen verlernt, und wenn ich die Hand zur Faust ballen wollte, gelang mir dies nicht. Länger hatte ich auf meinem Computer keine Taste mehr bewegt. Meine Glieder waren steif wie ein Stock, und ich hatte Mühe, mich in meinen Kissen von einer Seite auf die andere zu drehen. Der Rheumaschub war sehr kräftig. So lag ich nun in meinem Patientenbett und hing trüben Gedanken nach. Wer erst mal in solch ein Loch des Trübsinns hineingerät, findet nur schwer wieder heraus. Aber schließlich gab ich mir einen Ruck, erhob mich von meinem Krankenlager und suchte den „Raum der Stille“ auf. Ich brauchte den Blick auf das Kreuz meines Herrn, der ja selbst fürchterliche Schmerzen zu leiden hatte und sogar den Tod am Kreuz ertragen musste. Im stillen Gebet klagte ich Jesus mein Leid, bat ihn um Heilung und suchte Trost. In Psalm 80,4 wurde ich fündig und entdeckte die rechten Worte: „Gott, tröste uns und lass leuchten dein Antlitz, so genesen wir." Dreimal ist dieser Vers in meiner Bibel fett gedruckt. Er fiel mir sofort auf. Besonders Vers 19 wurde mir zu einer starken Ermutigung: „Lass uns leben, so wollen wir deinen Namen anrufen!" Dieses Wort wurde jetzt zu meiner Bitte. Auch wenn ich wusste, dass uns Psalm 90 mahnt: „Lehre uns bedenken, dass wir sterben müssen, auf dass wir klug werden" (Vers 12), so empfand ich gerade jetzt das Leben als ein großes Geschenk. Im Rückblick wurde mir bewusst, wie viel Gutes der Herr mir getan hat. Gewiss haben nicht nur Blumen in den schönsten Farben auf meinem Lebensweg geblüht, sondern ich erinnere mich auch an Disteln und Dornen. So erinnere ich mich an manche Gefahren. Da war der Hunger im Lager nach der Umsiedlung, wo ich oft nur den einen Gedanken hatte: „Ich will Brot!" Nachts rüttelte ich meine Mutter wach und rief: „Mutti, gib mir nur ein Stück Brot!" Ich wurde schließlich so elend, dass ich mit meinen sieben Jahren kaum noch stehen konnte und ins Krankenhaus eingeliefert werden musste.

Einmal habe ich meinen Vater heftig weinen sehen, als sein jüngster Bruder, mein Onkel Emil, in Russland vermisst wurde. Auch mich traf diese Nachricht schwer, denn ich liebte den Bruder meines Vaters sehr. Er war Lehrer und verstand es besonders, uns Kindern herrliche Geschichten zu erzählen.

Mehrmals kämpfte auch meine Mutter ums Überleben. Ich war damals ein kleines Mädchen von acht Jahren. Auf meinem Schulweg durch die Wiesen bat ich Gott, er möge doch meine Mama vor dem Tod bewahren. Tausendmal wollte ich ihm dafür danken, wenn er meine Bitte erfüllte. Und meine Mutter genas wieder von einer fast tödlichen Blutvergiftung.

Als wir uns 1945 auf die Flucht vor den Russen begeben mussten, empfand ich zunächst den Aufbruch am 19. Januar bei minus 20 Grad in zwei offenen Kastenwagen als ein rechtes Abenteuer. Welches Kind hat schon das Glück, abends nicht schlafen gehen zu müssen und sich unter einem herrlichen Sternenhimmel auf große Fahrt begeben zu können? Aber im Nachhinein betrachtet war dies wohl die größte Bedrohung meines jungen Lebens durch Tiefflieger, Bombenabwürfe und die immer näher rückenden feindlichen Panzer. Aber Gott sei Dank! Wir haben überlebt, auch wenn wir unsere kleine Erika in fremde Erde betten mussten. Sie wurde auf der Flucht geboren und musste verhungern, weil uns der halbe Liter Milch fehlte.

So will mir das Lied nicht aus dem Sinn gehen: „In wie viel Not hat nicht der gnädige Gott über dir Flügel gebreitet." Wir durchlitten in der Nachkriegszeit auch dramatische finanzielle Nöte; denn damals gab es noch keine Sozialhilfe. In nur einer kleinen Kammer mit Küche hausten wir auf engstem Raum zusammen. Mit Vater, Mutter und uns vier Schwestern wurde der Wohnraum knapp. Später nahmen meine Eltern noch meinen Vetter bei uns auf, dessen Eltern verstorben waren. Und wenn Großmutter zu Besuch kam, dann schliefen wir vier Mädchen in einem Bett, zwei am Kopfende und zwei am Fußende. Aber das war oft auch recht lustig. Wir stellten unsere Füße aneinander und probierten aus, wer denn nun der Stärkere sei. Kamen dann Vater oder Mutter herein, dann stellten wir uns schlafend. Vor allen Dingen war ich schon von klein auf sehr neugierig und wollte alles hören, worüber sich meine Eltern unterhielten. Mitunter sprachen sie russisch oder rumänisch, wenn sie sich etwas mitteilen wollten, das für unsere Ohren nicht bestimmt war. Wähnten sie uns schlafend, so hörten wir mit, dass der Bauer Müller ein Schwein schwarz geschlachtet und uns ein Kilo Hackfleisch und zwei Würste vorbeigebracht hatte. Wir vernahmen, dass Tante Anna wieder von ihrem Bruder aus Amerika ein Paket erhalten hatte. Sicher würde sie uns mit einer Tafel Schokolade oder einer Dose Schmalz beglücken. Unter der Bettdecke haben wir bedauert, nicht laut lachen zu dürfen, wenn wir vernahmen, dass der etwas tölpelhafte Jürgen Fitzke aus der Nachbarschaft von seiner Freundin Ulla einen Korb einstecken musste, weil diese mit einem anderen Kerl abgehauen war. So spitzten wir unsere Ohren und befriedigten die Neugier.

Gewiss, wir brauchten nach der Währungsreform 1948 nicht mehr zu hungern. Inzwischen hatten wir 10 Morgen Land pachten können, das wir mit unseren drei noch verbliebenen Pferden bearbeiten konnten. Wir hatten außerdem 12 Hühner, konnten uns zwei Schweine füttern, und im Stall stand eine störrische Ziege, die mir mit ihren Hörnern oft blaue Flecken verpasste, wenn ich sie melken musste. Später bedachten uns Christen aus Amerika sogar mit einer Kuh, und von ihrer fettreichen Milch stellte Mutter Butter her. Welch ein Genuss!

Ich sehe, wie weit ich von meinen eben noch so schweren Gedanken abdrifte, und ich könnte Seite um Seite füllen, wenn ich all die Wohltaten aufzählen wollte, die ich später besonders in meiner Familie erfahren habe. Ich darf nun schon fünfzig Jahre glücklich verheiratet sein und fünf Kinder und 15 Enkel mein Eigen nennen. Mir wird bewusst, wie intensiv ich am Leben hänge. Und doch muss ich auch bedenken, dass im Alter der Sand schneller durch das Stundenglas rinnt. Wann wird das letzte Körnlein fallen? Ich möchte in dem Bewusstsein leben, dass mein Dasein hier auf Erden nur ein Wimpernschlag vom Himmel entfernt ist. Meine Schmerzen und gesundheitlichen Nöte machen mir dies klar. Meine Tränen und Seufzer wollen mir mein Kopfkissen hart machen, sodass ich oft nachts nicht schlafen kann. Ich muss lernen, von der Ewigkeit her zu denken und jeden Tag als ein großes Geschenk anzunehmen. So reift in mir der Entschluss: „Herr, meine Freude und mein Leid, mein Glück und mein Unglück, mein Leben, aber auch meinen Tod will ich aus deinen Händen nehmen und dir in allem recht geben.“ Da ich ganz allein im „Raum der Stille“ bin, stimme ich leise Paul Gerhardts Lied „Befiehl du deine Wege“ an, das ich erst vor Kurzem mit all seinen 12 Strophen auswendig gelernt habe. Mein Gesang ist nicht gerade erhebend, und meine Stimme krächzt wie ein Rabe, aber jeder einzelne Vers trifft auf meine Situation zu, und mein Herz entzündet sich am Herzen Gottes.

Auf einem kleinen Tisch entdecke ich ein in Leder gebundenes schwarzes Buch, das dazu einlädt, Gedanken, Nöte, Glücksmomente hineinzuschreiben. Ich darf in diesen 40 Minuten der Stille und des Nachdenkens den Trost Christi erfahren. In meinem Inneren wird Hoffnung geweckt. So greife ich zur Feder und schreibe die ermutigenden

Worte aus Jesaja 53 in das Buch: „Fürwahr, Christus trug unsere Krankheit und lud auf sich unsere Schmerzen“ (Vers 4). Darin liegt der Sinn meines Lebens, dass ich in Jesus Christus mein Heil gefunden habe. Von den zwölf Strophen, die ich recht leise vor mich hin gesungen habe, trage ich noch die letzte in das Buch ein:

„Mach End, o Herr, mach Ende
mit aller unsrer Not;
stärk unsre Füß und Hände
und lass bis in den Tod
uns allzeit deiner Pflege
und Treu empfohlen sein,
so gehen unsre Wege
gewiss zum Himmel ein.“

Gestärkt und ermutigt gehe ich in mein Krankenzimmer zurück. Ich habe Jesus schauen dürfen und stille Momente des Glücks erfahren.

Frei von der Sucht

Die Nachricht vom Heimgang von Frau Wirtsbacher (Name wurde geändert) hat mich zutiefst traurig und zugleich hoffnungsvoll gemacht. Sie war noch in den besten Jahren, als eine gefährliche Nierenerkrankung sie befiel. Mehrere Male wurde sie in die Klinik eingeliefert. Die Ärzte konnten ihr zunächst helfen, aber dann folgten doch schwere Rückschläge, und am Ende stand der Tod. Mit Frau Wirtsbacher fühlte ich mich über Jahre recht eng verbunden. Sie gehörte zu den Menschen, die ich auf die Spur Jesu rufen konnte, und sie war die Erste, die das göttliche Ziel, nämlich die Vollendung, erreicht hat. Sollte ich darüber nicht getrost sein? Und doch empfinde ich den Tod als schrecklich. Er reißt auseinander, was zusammengehört, er bricht ab, was leben will, zerstört Beziehungen, die so innig und liebevoll waren.

In der Nähe der tschechischen Grenze hatte ich sonntags einen Gottesdienst gehalten. Die Kirche war voll besetzt. In dieser Gegend im Erzgebirge gibt es noch Gemeinden, in denen man die Menschen zählen kann, die nicht zum Gottesdienst gehen. Im Pfarrhaus war ich für die Bibeltage, die ich eine Woche lang hielt, untergebracht. Am Sonntag suchte mich diese Frau auf. Meine Predigt hatte in ihr einen heftigen Kampf heraufbeschworen. Eigentlich gehörte sie schon lange nicht mehr zu den Leuten, die die Kirchenbänke besetzten. Aber an diesem Tag hatte es sie mit aller Macht dahin gezogen, wo die Glocken läuteten. Im Gemeindeboten hatte sie die Ankündigung für die Bibeltage gelesen und war gerne gekommen. Nun hockte Frau Wirtsbacher recht zusammengesunken vor mir im Sessel, war bekümmert und hatte Tränen in den Augen.

„Ich sitze vor einem Scherbenhaufen", begann sie das Gespräch. „Ich habe zerstört, was ich eigentlich hätte aufbauen sollen, weil ich in die Fänge der Alkoholabhängigkeit geraten bin. Das war das Erste, was ich nach der Wende gekauft habe: eine Schrankwand mit einer Bar, die dazu noch erleuchtet werden konnte. Ich füllte sie mit verschiedenen teuren Likören, Kirschwasser, Wodka und anderen alkoholischen Getränken. Wenn eine Flasche fast leer war, besorgte ich schon eine neue. Mich hat niemand betrunken gesehen, ich torkelte auch nicht auf der Straße hin und her, aber schon am Morgen nach dem Staubsaugen goss ich mir ein paar Gläschen Eierlikör ein. Für jede Arbeit im Haushalt belohnte ich mich mit einem Schluck aus der Flasche. Zu spät merkte ich, dass ich in die Fänge der Sucht geraten war. Meine Familie litt am meisten darunter, und vor allen Dingen meine alte Mutter. Sie wurde auf ihrem Krankenlager nicht mehr ordentlich versorgt. Die Sonne stand schon hoch über dem Horizont, wenn ich morgens endlich aus den Federn kroch, weil ich meinen Rausch vom Abend ausschlafen musste. Früher bereitete ich meinem Mann, bevor er zur Arbeit ins Bergwerk fuhr, das Frühstück, setzte mich zu ihm an den Tisch und richtete die Schnitten, die er in seinen Brotbeutel steckte. Aber das war eben früher. Jetzt musste er sehen, wie er allein mit allem fertig wurde. Schon länger hatte ich auch den Kontakt zu Freunden und Verwandten abgebrochen und vereinsamte mehr und mehr. War ich nüchtern, dann fragte ich mich zu Recht: ‚Charlotte, was ist bloß aus dir geworden?‘ Ich schämte mich vor mir selber und griff wieder zur Schnapsflasche, um meine Gewissensbisse zu betäuben. Ich war in einen Teufelskreis geraten und wusste nicht, wie ich da wieder herausfinden könnte. Sehen Sie noch eine Chance für mich, Frau Bormuth?“

„Ja“, griff ich in das Gespräch ein, „noch steht Ihnen ein Weg der Hilfe offen. In der Bibel heißt es: ‚Wen der Sohn frei macht, der ist recht frei.‘ Jesus lädt Sie ein, in seine Nachfolge zu treten. Er will Ihnen alles vergeben, was in Ihrem Leben missraten ist. In seiner Macht steht es, Sie von der Sucht zu befreien und Sie auf eine neue Spur des Glaubens zu bringen. Er will auch Ihr Erlöser und Erretter sein. Wie ein guter Freund will er Sie auf dem Weg begleiten. Das Alte will er Ihnen nehmen und Neues schaffen. Sie empfinden aufrichtige Reue, und Jesus stößt niemanden von sich, den seine Schuld bedrückt. Im Namen Jesu Christi darf ich Ihnen Gottes Vergeben für Ihr bisheriges sündiges Verhalten zusprechen. Sie dürfen einen Neuanfang wagen. Wollen Sie von ganzem Herzen in die Nachfolge Jesu treten?“

Frau Wirtsbacher nickte und sagte ein zaghaftes, leises „Ja“. Aber ich spürte auch ihre Angst, ob sie es schaffen würde, von der Sucht loszukommen. Dann knieten wir nieder und ich sprach ihr Satz für Satz ein Gebet vor, das sie wiederholte. Ich brachte sie noch mit anderen Christen in Verbindung, die ihr in ihren Kümmernissen helfen sollten. Gerne war auch das Blaue Kreuz bereit, dieser Frau im Hinblick auf ihre Suchtprobleme beizustehen. Aber das Entscheidende war ihre Bereitschaft, nicht mehr in ihren alten, schlechten Gewohnheiten zu bleiben, sondern sich in die Gemeinschaft mit Christus und seiner Gemeinde einzufügen. So war z. B. eine Mitarbeiterin des Pfarrers bereit, einmal in der Woche Frau Wirtsbacher in den Reichtum des biblischen Wortes einzuführen. Regelmäßig traf sie sich mit ihr. Das Wort Gottes und das Gebet erwiesen sich als bewahrende Mächte. Es war auch erstaunlich, wie Frau Wirtsbacher ihr missionarisches Herz entdeckte. Sie lud auch andere Frauen zum Bibellesen ein, und so wuchs ein kleiner Kreis zusammen. Gottes Geist wirkte, und auch die anderen Bibelleser fanden zum Glauben. Zunächst waren es fünf Frauen, dann kamen noch drei hinzu. Im Laufe eines Jahres wuchs der Kreis, und es waren schließlich 13 Frauen, die sich regelmäßig im Pfarrhaus trafen.

Jedes Jahr schickte mir Frau Wirtsbacher zu Weihnachten eine Grußkarte. Nun sind schon elf Jahre ins Land gegangen, und ich habe mehrmals diesen missionarischen Frauenkreis besucht. Dazu wurde dann immer eine kräftige Einladeaktion gestartet. Als ich vor einem Jahr in diesem Dorf war, besuchten mehr als 50 Frauen die Veranstaltung. Ich konnte nur staunen, wie Frau Wirtsbacher andere mit ihrem Eifer angesteckt hatte. Bei einer Reihe von Teilnehmern war der Wunsch wach geworden, der Botschaft Jesu zu folgen. Der Same des Wortes Gottes war auf fruchtbaren Boden gefallen, und die Saat reifte.

Aber nun hat Gott dieser mutigen Christin das Himmelstor weit aufgetan und sie in sein ewiges Reich heimgeholt. So verwirklicht sich das Wort Jesu: „Kommet her zu mir alle, die ihr mühselig und beladen sein; ich will euch erquicken“ (Matthäus 11,28). Gibt es eine wirkungsvollere, glücklichere Nachricht für unser Leben und für unser Sterben?

Ein besonderer Kartengruß

Nun kam ich nach zwei Freizeiten in meine eigenen vier Wände zurück. Wir waren eine große Teilnehmerschar gewesen, und nach meinen Vorträgen ergaben sich meist sehr persönliche Gespräche. Zu Hause erwarteten mich eine Menge Briefe. Unter der Post fand ich auch einen Brief, über den ich mich besonders freute. Er stärkte mich mehr als eine Flasche Doppelherz. Schon die Anschrift ließ mich schmunzeln. So stand da:

„An die sehr geschätzte
Frau Bormuth Lotte
Sperberweg 8A
35043 Marburg an der Lahn"

Was wird wohl der Briefträger gedacht haben, wer die sehr geschätzte Frau Bormuth ist?

Auf der Rückseite des Briefes betrachtete ich den Abdruck eines Ölgemäldes aus der Nationalgalerie in Cardiff. Es stellte eine Engelsfigur dar und trug den Titel „Die Unsterblichkeit". Wie gut passte diese Überschrift zu einem Artikel, den ich gerade schrieb. Ich berichtete darin über ein Neugeborenes, das schwer behindert auf die Welt kam und dann nach nur 6 Monaten von Gott in die Ewigkeit abberufen wurde. Die Mutter hatte mir in einem langen Telefonat die Leiden der tapferen kleinen Clara erzählt. Es trifft Eltern immer hart, wenn eins ihrer Lieblinge von ihnen genommen wird. Da kann nur Gott, der Allmächtige, trösten. Ich sprach dann lange mit dieser Mutter und stellte sie unter den Segen unseres großen Erbarmers. Das Gebet ist in solchen Lagen eine echte Hilfe. Diese Mutter bat mich auch, über den notvollen Weg und das stille Sterben ihres Kindes zu berichten. Und nun kam dieser Brief von ihr:

Salzburg, den 27.6.2007

Meine liebe Frau Bormuth!
Danke für alles!
Mit Ihrem schönen Buch haben Sie mir eine himmlische Freude gemacht! Ich kenne Sie nicht (noch nicht) persönlich, aber durch Ihre Liebe habe ich den Schmerz viel besser verkraftet. Gott soll es Ihnen tausend Mal

lohnen. So gute Leute sollte es wohl mehr auf dieser Erde geben. Nochmals danke und alles Liebe und Gute für Sie.
Ich liebe Sie, Frau Bormuth!
In der Verbundenheit des Glaubens Ihre Christa Gastinga.

Natürlich würde ich mich sehr freuen, wenn dieser Satz von „den guten Leuten" auf mich zutreffen würde. Wer sich selbst aber nur ein wenig kennt, weiß um die Fragwürdigkeit solch einer Aussage. So schreibt Paulus in Römer 7,19: „Denn das Gute, das ich will, das tue ich nicht; sondern das Böse, das ich nicht will, das tue ich."

Mir geht es da nicht anders. Und doch war ich über diese Zeilen sehr glücklich. Die Mutter machte mir Mut, mich an den Computer zu setzen und auf die Tasten zu drücken. So will ich auch weiterhin in meinen Büchern von Gottes Liebe und seiner Macht erzählen und nicht aufhören, seinen Namen zu rühmen. Gerade in notvollen Zeiten will Jesus, der Gottessohn, wie ein guter Freund an unserer Seite stehen und uns tragen, wie ein Mann seinen Sohn trägt. So steht es im Mosebuch. Ich kann nur immer wieder staunen, dass mein kleines Leben von seinen liebenden Händen gehalten wird und ich andern ein ganz klein wenig Beistand leisten darf.

Das Gespräch an der Trettach

Das ist wirklich ein wunderbares Plätzchen dort auf der braunen Bank an der Trettach in Oberstdorf. Hier kann ich den herrlichen Anblick der Berge genießen und im Stillen Gott loben. Gewaltig ragen die Felsen in die Höhe und offenbaren die Größe unseres Schöpfers. Wolkenlos ist der Himmel, und die Drachenflieger haben kräftigen Aufwind. Wie mutig müssen sie sein. Immer wieder ziehen sie ihre Kreise und lassen sich vom Flugwind tragen. Heute ist Sonntag, und die Urlauber sind mit ihren Rucksäcken und Walkingstöcken unterwegs. Ein junges Ehepaar kommt an uns vorbei. Sie schieben einen Rollstuhl und wollen zum Moorweiher. Da ich mich recht gut in dieser Gegend auskenne, rate ich ihnen, nicht diesen Spazierweg zu wählen. Er ist sehr steil, und ab und an können Treppenstufen hinderlich sein. Das Ehepaar erklärt mir: „Ja, wir sind noch unerfahren und erst heute angereist. Wir danken Ihnen für Ihren Ratschlag."

„Nehmen Sie doch den Weg durch die Lorettowiesen. Gerade jetzt blüht der Löwenzahn in einem wunderbaren üppigen Gelb.

Die Wege sind auch sehr gut für den Rollstuhl geeignet, da sie eben sind."

„Ja, das werden wir tun. Wir kommen nämlich aus Holland und sind die Ebene gewohnt."

„Holland ist auch ein wunderschönes Urlaubsland", erzähle ich ihnen. „Wir haben einmal mit unseren Kindern in Zandvoort Urlaub gemacht. Noch heute denke ich gerne an die drei Wochen an der See zurück. Außerdem lieben wir Erdnussbutter und Hagelschlag. Mehrere Tüten und Gläser haben wir mit nach Hause genommen, und das Frühstück war vor allem für unsere Kinder ein rechter Genuss. Aber mit Holland verbindet uns auch der Name Corrie ten Boom. Kennen Sie diese tapfere Frau?"

Das Ehepaar schüttelt den Kopf und bittet: „Können Sie uns mehr über Corrie ten Boom sagen? Sie trägt ja einen typisch holländischen Namen."

Nun bin ich in meinem Element. Denn seit ich Corrie ten Booms Biografie ins Deutsche übersetzt habe, bin ich von ihr begeistert. So sprudelt es nur so über meine Lippen: „Corrie war die erste Uhrmachermeisterin, die in Amsterdam ihren Meistertitel erworben hat.

Was mich aber vor allem fasziniert hat, ist ihr Vertrauen zu Jesus. Unerschütterlich folgte sie Christus nach und ließ ihrem Glauben auch Taten folgen. In der so kriegerischen, bedrohlichen Zeit, als die Deutschen Holland besetzt hatten, hielt sie in ihrem Elternhaus Juden versteckt und rettete ihnen so das Leben."

„Erzählen Sie weiter, die geschichtlichen Ereignisse aus dieser Zeit interessieren uns. Wir wissen zu wenig über die schrecklichen Jahre, als die deutschen Truppen in unser Land einmarschiert sind. Wir sind erst 1961 und 1963 geboren."

So fahre ich fort: „Ja, das war eine teuflische Zeit. Recht wurde in Unrecht verkehrt, und besonders die Juden standen in ständiger Gefahr, gefangen genommen und nach Deutschland in die Konzentrationslager abtransportiert zu werden. Diese Not erkannte die Familie ten Boom. Sie schufen in ihrem alten, mehrstöckigen Haus Verstecke für die Verfolgten. Die Schränke wurden so präpariert, dass die Rückwand auch mit einer Tür versehen wurde. Drohte Gefahr, dann erklang eine Glocke. Die Juden mussten dann sofort in ihr Versteck fliehen. So blieben sie vor der Deportation verschont. Aber einmal hatte sich ein Spion in das Uhrmachergeschäft eingeschlichen. Er gab an, Jude zu sein, und brauche dringend einen Ort, wo er untertauchen könnte. Obwohl Corrie immer sehr vorsichtig Fremden gegenüber war, vertraute sie diesem Verräter doch und wollte ihn in ihr Haus aufnehmen. Aber kurz darauf verschwand er, und die Gestapo stand vor der Tür. Nun wurden Corrie mit ihrem Vater und ihrer Schwester Betsy abgeführt. Die versteckten Juden wurden jedoch nicht gefunden. Zunächst kam Corrie mit ihrer Familie in holländische Gefängnisse und wurde dann nach Deutschland in das KZ Ravensbrück überführt. Schreckliches hat nun die Familie ten Boom durchleiden müssen. Der alte Vater und auch Betsy überlebten die entsetzlichen Torturen und Hungerlager nicht. Nur durch einen Irrtum in der Schreibstube wurde Corrie kurz vor Kriegsschluss entlassen. Eine Sekretärin vertauschte ihren Namen, und so kam sie frei, während eine andere Gefangene bis zum Ende in Ravensbrück ausharren musste. Corrie schreibt in ihrer Biografie: ‚Nie wieder werde ich einen Fuß auf deutschen Boden setzen. Was ich in dem KZ erlebt habe, spottet jeder Beschreibung. Hätte ich mein kleines Neues Testament nicht herüberretten können, ich wäre verzweifelt. So wurde ich von Gott gehalten, dass ich mir nicht das Leben nahm. Weil unsere Baracke so stark verwanzt und verlaust war, trauten sich die Aufseher nicht zu uns herein, und so blieben wir von Durchsuchungen verschont. Nur einmal drohte meinem Testament Gefahr. Wir mussten uns in einer langen Reihe aufstellen, sollten uns duschen und dann untersucht werden. Da habe ich zu Gott gerufen, er möge mir doch sein teures Wort erhalten. Aber wie sollte das zugehen? Ich sah keinen Ausweg. Ich bangte und zitterte. Da gab mir Gott einen guten Gedanken in den Sinn. Ich bat die Aufseherin, auf die Toilette gehen zu dürfen. Dort versteckte ich mein Neues Testament hinter einem Heizkörper. Als ich die Dusche und die Untersuchung durch die SS-Ärzte überstanden hatte, wartete ich in der langen Schlange, um zu meiner Baracke zu gelangen. Da fragte ich wieder eine andere Wärterin, ob ich austreten dürfe. Sie erlaubte es mir, und so holte ich mir das so kostbare Büchlein zurück.‘

So, nun habe ich Ihnen aber viel über Corrie ten Boom berichtet. Hoffentlich habe ich Sie nicht gelangweilt. Sie wollten doch in den Lorettowiesen einen Spaziergang machen.“

„Nein, nein, für uns ist dies interessant, vor allen Dingen für unsere Mutter. Seit zwei Jahren ist sie rechtsseitig gelähmt. Ein Schlaganfall hat sie so geschädigt. Ich sehe doch, wie gespannt sie zuhört. Sprechen kann sie leider fast nichts mehr, aber gut hören.“

„Dann will ich Ihnen noch über ein Ereignis aus dem Leben von Corrie ten Boom berichten. Eines Tages erreichte Corrie die Einladung, in Deutschland Vorträge zu halten. ‚Keine zehn Pferde bringen mich wieder in dieses schauderhafte Land, das mir meinen Vater und meine Schwester genommen hat. Noch nicht einmal eine Kirche werde ich betreten, auch wenn sie noch so heilig ist.‘

Aber dann vernahm sie in ihrem Inneren die mahnende Stimme Jesu: ‚Willst du diese Chance nicht wahrnehmen? Geh in meinem Namen und verkündige das Evangelium. Dieses Land hat es nach all den schrecklichen Erfahrungen besonders nötig.‘

Corrie wurde gehorsam. In einem Gotteshaus in Darmstadt hielt sie eine Woche lang Vorträge, durch die sie Menschen zum Glauben an Christus rief. Die Kirche war bis auf den letzten Platz besetzt. Die Menschen standen in den Gängen und auch noch bis draußen vor der Kirchentür, um der Botschaft zu lauschen. Gewiss, dieser Dienst fiel Corrie nicht leicht, aber sie überwand alle Vorbehalte um Christi willen. Gegen Ende der Veranstaltung verabschiedete sie ihre Zuhörer am Ausgang. Plötzlich schaute sie in das Gesicht eines Mannes und erkannte in ihm ihren ehemaligen Aufseher und Peiniger. Ein Zittern überkam sie, und sie hatte Angst, vor Schreck in Ohnmacht zu fallen. Aber dann vernahm sie Gottes Stimme, leise und doch bestimmt: ‚Um Christi willen rede mit ihm und verzeih ihm. Ich habe dir auch alle deine Sünden vergeben.' Corrie wurde gehorsam und drückte dem Mann die Hand, über dessen Wangen die Tränen rollten. ‚Ich vergebe Ihnen alles.' Mehr konnte sie nicht sagen. Diese Haltung beeindruckte mich in Corries Leben am meisten. Das ist Versöhnung, wie sie nur Gott bewirken kann."

Ich bedanke mich bei dem Ehepaar fürs

Zuhören und sprach ihnen und der Mutter Gottes Segen zu. Anschließend verabschiedeten wir uns und meine holländischen Freunde bedankten sich: „Nun sind wir um viele Kenntnisse reicher geworden. Die Geschichte von Corrie wird uns noch lange bewegen. Sie haben uns Einblick in dieses so bedeutsame Leben verschafft. Wir wünschen Ihnen noch erholsame Tage in Oberstdorf. Alte, böse Ereignisse müssen uns nicht trennen. Wir gehören zusammen."

Noch lange schaute ich den Holländern nach. In mein Abendgebet schloss ich sie mit ihrer gelähmten Mutter ein.

Mamas Salate

Neben mir im Gottesdienst saß eine junge Frau. Mir fiel auf, dass sie ihre beiden Kinder eng umschlungen hielt. Das Jüngste hatte sie auf dem Schoß, und der Achtjährige lehnte seinen Kopf an ihre Schulter. Nach der Predigt folgten einige Ansagen. So sollte am darauffolgenden Sonntag ein gemeinsames Mittagessen die ganze Gemeinde vereinen. Die Besucher wurden gebeten, Salate, Fleischgerichte und Nachtisch mitzubringen, damit ein reichhaltiges Büfett aufgebaut werden konnte. Spontan fragte ich den Knirps an meiner Seite: „Welchen Salat magst du denn am liebsten?" Die Antwort kam wie aus der Pistole geschossen: „Mamas Salate!" Ich musste schmunzeln und dachte: Recht so, Muttis Küche ist doch die beste.

Beiden Kindern schenkte ich noch ein Buch aus eigener Feder mit herrlichen biblischen Geschichten. Da die Mutter mit ausländischem Akzent sprach, fragte ich sie, ob sie wohl aus Russland komme. „Nein", gab sie mir zur Antwort, „ich bin von Siebenbürgen in die Bundesrepublik eingewandert.

Mein Mann ist Deutscher, und vor elf Jahren zogen wir ins Allgäu."

Die junge Mutter war erstaunt, als ich ihr erzählte, dass ich auch aus Rumänien stamme und direkt am Schwarzen Meer im ehemaligen Bessarabien geboren wurde. Heute gehört dieses Land allerdings zum größten Teil zu Moldawien, und der kleinere Teil wurde der Ukraine zugeschlagen. Ein munteres Gespräch über unsere gemeinsame Heimat kam in Gang. Ehe wir uns verabschiedeten, lud ich Frau Meyer, so will ich sie hier nennen, noch zu einem Vortrag ein, den ich am Abend in Oberstdorf halten wollte. „Ja, ich komme gerne, wenn ich rechtzeitig die Kinder zu Bett gebracht habe", gab sie mir zur Antwort. Dann drückte ich ihr fest die Hand und winkte den Kleinen noch fröhlich zu.

Der Abend kam. Würde Frau Meyer wohl die Veranstaltung besuchen? Am Himmel zogen dichte, dunkle Wolken auf. Von Ferne grollte schon der Donner. Etwas verspätet kam mein Gast. Aufmerksam folgte sie meinen Ausführungen. Zweimal klingelte ihr Handy, und Frau Meyer sprach im Flur mit ihren beiden Buben. Sie hatten vor dem

Gewitter Angst bekommen und brauchten die beruhigenden Worte der Mutter.

Nach Schluss des Vortrags setzten wir uns noch zusammen. Alle anderen Besucher hatten den Saal schon verlassen. Plötzlich flossen ihr die Tränen über die Wangen. „Nein, nein", schluchzte sie, „solch eine Rede habe ich noch nie gehört. Ist es wahr, dass jeder zu Christus kommen kann, auch wenn er ganz schlimm schuldig geworden ist?" Ich horchte auf, und schon sprudelten ihr die Worte wieder über die Lippen: „Sie müssen wissen, ich stecke in einer tiefen Krise. Meine Ehe ist zerrüttet. Mein Mann und ich wohnen schon seit mehreren Monaten getrennt. Ich habe Angst, geschieden zu werden, denn dann könnte ich vielleicht das Sorgerecht für meine Kinder verlieren. Ich müsste dann wieder nach Rumänien zurück. Noch hoffe ich darauf, dass wir wieder zusammenfinden. Wird das aber gelingen? Vor ein paar Jahren hatten wir uns schon einmal getrennt. Sie müssen wissen, mein Mann ist zum Alkoholiker geworden. Wenn er übermäßig getrunken hat, ist er kaum wiederzuerkennen. In seiner Wut schlägt er mich dann und scheut auch nicht davor zurück, sich seinen Riemen abzuschnallen und damit die Kinder zu traktieren. In einer Nacht habe ich dann Benjamin und Christian – sie steckten noch in ihren Schlafanzügen – ins Auto gesetzt und bin ins Frauenhaus in die nächste Stadt gefahren. Dort blieb ich längere Zeit.

Auch dem Arbeitgeber meines Mannes war seine Trunkenheit aufgefallen. Er vermahnte ihn. Mit Nachdruck machte er ihm deutlich, dass er seine hochbezahlte Stelle verlieren würde, wenn er sich nicht einer Therapie unterziehen würde. Daraufhin suchte mein Mann die nächste Psychiatrie zur Entgiftung auf. Anschließend verbrachte er mehrere Monate in einer Suchtklinik in Berlin. Er hielt diese Zeit durch. Der Alkohol hatte ihm einen zu hohen Preis abgefordert. Er hätte mich, die Kinder und dazu noch seine Arbeitsstelle beinahe verloren. Ihm wurde bewusst, dass die Sucht ihn in den Ruin getrieben hätte. So blieb er standhaft und kam dann zu uns zurück. Voller Begeisterung erzählten die Buben ihrer Lehrerin: ‚Wir haben wieder einen Papa!' und ich hatte einen neuen Mann. Jetzt liebte er mich wie in den Tagen unseres ersten Verliebtseins. Unsere Familie wurde wieder heil. Auch die Kollegen begegneten meinem Mann zuvorkommend wie früher, so als sei gar nichts gewesen. Die Krise war überwunden, und mein Günther blieb ‚trocken'.

So lebten wir drei Jahre in schönster Harmonie. Dann aber beging ich den verhängnisvollsten Fehler meines Lebens. An Günthers Geburtstag plante ich ein Candle-Light-Dinner bei uns zu Hause. Ich richtete ein herrliches Abendessen: Rehbraten mit Klößen und verschiedenen Salaten. Zum Nachtisch gab es Eis mit heißen Himbeeren. Ich stellte auch Wein auf den Tisch. Zur Feier des Tages sollten wir uns ein Gläschen genehmigen, schlug ich vor. Mein Mann wehrte ab, ich aber ließ nicht locker. Es sollte doch alles so werden wie früher.

Mit diesem ersten Schluck aber habe ich den Rückfall bewirkt. Mein Mann fing wieder an zu trinken, und das alte Elend begann von Neuem. In unsere Familie zog der blanke Horror ein. Wieder wurden die Kinder und ich geschlagen, und wir mussten ins Frauenhaus flüchten. In seiner Wut und Zügellosigkeit wusste mein Mann nicht, was er tat. Ich war verzweifelt und bin es noch immer. In einer anderen Stadt habe ich mir eine kleine Zweizimmerwohnung genommen. Es waren Christen, die sich meiner annahmen. Sie luden mich auch in ihre Gemeinde ein und machten mir Mut durchzuhalten. Aber die Zeit des Alleinseins ist schwer und anfechtungsreich. Ich mache mir auch Vorwürfe, dass ich an unserem Elend schuld bin. Warum nur habe ich meinen Mann zum Weintrinken überredet?

Sie haben in Ihrem Vortrag gesagt, dass Gott uns aus unseren Krisen herausführen kann. Aber Gott ist mir noch so fremd. Ich war erst einige Male in der Kirche. Sehen Sie noch einen Ausweg für mich?"

Nun war ich an der Reihe. Lange hatte ich in stillem Gebet Frau Meyer zugehört. Nichts ist mir lieber, als Menschen mit Jesus in Verbindung zu bringen, und ich begann, ihr die ergreifende Geschichte von der Sünderin, wie sie im Neuen Testament genannt wird, zu erzählen. Immer wenn ich sie lese, bin ich bewegt. Jesus wird in das Haus eines Pharisäers eingeladen und sitzt mit ihm an einem Tisch. Ein herrliches Festmahl ist gerichtet, und es herrscht eine frohe Stimmung. Alle sind in bester Laune. Plötzlich aber entsteht Unruhe unter den Geladenen. Eine Frau mit notvoller Vergangenheit betritt den Raum. Sie gehört zu den Abgeschriebenen, um die jeder einen weiten Bogen macht. Schuldig ist sie durch ihr ungezügeltes Verhalten geworden. Wie leer und ausgebrannt muss sich ein Mensch fühlen, wenn er von Schuld geplagt und von jedem gemieden wird? Nun hat diese Frau von Jesus gehört. Er ist der Gottessohn, und sie weiß: Wenn mir jemand in meinem Elend helfen kann, dann ist er es; denn er kann Sünden und Verfehlungen vergeben. Mit aller Macht zieht es diese Frau zu Jesus hin. Von seiner selbstlosen Liebe ist sie überwältigt. Freundlich schaut er sie an, und ihr wird bewusst: Jesus und ich, wir passen nicht zusammen, und doch steht er zu mir.

Bitterlich fängt die Frau an zu weinen, und ihre Tränen netzen seine Füße. Sie trocknet sie mit ihrem langen Haar, küsst seine Füße und salbt sie mit einem teuren Öl. Die Männer in der Festrunde sind empört. Was hat diese Sünderin in unserer Gesellschaft zu suchen?, murren sie. Sie stört unsere Stimmung. Wenn Jesus wirklich ein Prophet wäre, dann wüsste er um das Versagen dieser Frau und ihre Schuld. Der Gottessohn und diese Sünderin sind wie Feuer und Wasser.

Dann aber wendet sich Christus dieser Frau zu und sagt ihr diese wunderbaren und befreienden Worte: „Dein Glaube hat dir geholfen. Gehe hin in Frieden!" Das ist die unglaublichste Geschichte der Liebe, die ich je gehört habe. Fortan darf die Frau ausgesöhnt mit Gott und sich selbst leben. Christus ist der neue Inhalt in ihrem Sein.

So frage ich Frau Meyer, ob sie in der Gemeinschaft mit diesem Jesus leben will. Ihre Krise, ihre Schuld sind bei Jesus gut aufgehoben. Sie darf in seine Nachfolge treten und fortan ihm gehören. Ein leises „Ja" kommt über ihre Lippen. Ich bitte sie, folgende Worte des Gebetes Satz für Satz nachzusprechen und den Erlöser in ihr Dasein aufzunehmen:

„Herr, ich habe deinen Ruf gehört und danke dir, dass du mich nicht vergessen hast, obwohl ich dich oft vergaß. Ich hatte mich von dir abgewandt und ging meine eigenen Wege. Du aber hast mich nicht aufgegeben.

Ich bekenne dir die Schuld meines Lebens und die ungezählten Fehler meiner Tage. Ich bitte dich, Herr: Vergib mir meine Sünden und nimm mich als dein Eigentum an. Ich danke dir, Herr, für dein Sterben am Kreuz und für die Freiheit von Schuld, Angst und Hoffnungslosigkeit. Im Vertrauen darauf, dass du ‚Ja' zu mir gesagt hast, antworte ich nun mit einem ‚Ja' zu dir. Ich will dein Eigentum sein und bleiben.

Gib mir die Kraft, mich stets an dich zu halten und nicht zu verzagen, wenn ich in Krisen komme. Zeig mir meinen Platz in der Gemeinde und meinen Platz in deiner geliebten Welt. Zeig mir meine Gaben und Fähigkeiten, damit ich sie einsetzen kann, wo du mich brauchst und wo Menschen auf meine Hilfe warten.

Mach mir dein Wort lieb und gib mir Mut, meinen Dank, meine Not und meine Bitten im Gebet vor dich zu bringen. Herr Jesus Christus, verwandle mein Leben, dass es für dich zur Freude und den Menschen zur Hilfe wird. Amen!"

Mit diesem Gebet übereignete Frau Meyer Christus ihr Leben. Um ihren Mann aber, so ermutigte ich sie, dürfte und solle sie tapfer kämpfen und darauf hoffen, dass Gott ihm eine zweite Chance der Heilung von seiner Sucht gibt.

Mit meinen Gebeten unterstütze ich sie bis heute in ihrem Verlangen.

Ein Offizier mit Herz

Heute unternahmen wir mit unserer Freizeitgruppe einen Ausflug nach Sorge-Settendorf. Dieser einstige Ort liegt nur etwa 20 Kilometer von unserem Erholungsheim Reudnitz entfernt. Ein Dorfbewohner von einst hatte sich die Mühe gemacht, die geschichtliche Entwicklung seines Heimatortes aufzuzeichnen. Was wir da zu hören bekamen, bewegt mich noch immer. So berichtete er: „Hier, auf dem leeren Fleck" – und dabei zeigte er auf eine freie Stelle in der hügeligen Landschaft – „hat früher mein Elternhaus gestanden."

Die Gegend war mit hohem Gras bewachsen, das sich im Sommerwind leicht hin und her wog. In einiger Entfernung standen Birken, und dahinter erstreckte sich ein kleineres Waldgebiet. Doch von dem früheren Ort war weit und breit nichts mehr zu sehen. Nur noch die Kirche ragte hinter der welligen Wiesenlandschaft hervor. Jeder Besucher würde sich zu Recht fragen: Wie kann man nur mitten auf freiem Feld eine Kirche bauen? Das Gotteshaus müsste doch eigentlich mitten im Dorf stehen und nicht einsam auf weiter Flur. Um die Kirche herum war der Friedhof angelegt, der einen gepflegten Eindruck machte. Begonien, Apfelblütchen, Geranien und Astern zierten die zum Teil schon sehr alten Gräber. Etwa 50 Meter von der Kirche entfernt stand ein Bauerngehöft, es war dem Verfall preisgegeben.

„Der Ort hieß Sorge-Settendorf", fuhr der einstige Dorfbewohner fort. „Von den Folgen des Zweiten Weltkriegs war das Dorf weitgehend verschont geblieben. Am 16. April 1945 zogen die Amerikaner ein und besetzten die Häuser. Zum Teil begaben sich die ausgewiesenen Menschen zu ihren Verwandten in der Umgebung, zum Teil suchten sie Zuflucht in der Kirche.

Deutschland wurde durch die Potsdamer Konferenz in vier Besatzungszonen eingeteilt. Dieses Los traf auch die Hauptstadt Berlin. Thüringen und Sachsen, die zunächst von den Amerikanern besetzt waren, wurden am 3. Juli 1945 den Russen übergeben. Allmählich kehrte unter den Bewohnern in Sorge-Settendorf Normalität ein. Die Bauern bestellten ihre Felder und die Fabrikarbeiter suchten ihre Betriebe auf.

Nach einigen Monaten konnten die Kinder wieder zur Schule gehen. Es schien so, als sei nach dem schrecklichen Krieg die Ruhe im Dorf hergestellt. Die Menschen aus der Umgebung unternahmen wie in früheren Zeiten ihre Ausflüge zu den drei Gaststätten in Sorge-Settendorf, da der Ort mit seiner Höhenlage ein beliebtes Erholungsgebiet war. Aus den nahen Städten versuchte die hungernde Bevölkerung sich Nahrungsmittel zu verschaffen, und die Hamsterfahrten hatten Hochkonjunktur.

Aber schon bald zogen über dem sonnigen Dörfchen dunkle Wolken auf. Vom Erzgebirge sickerte die Nachricht herüber, dass die sowjetischen Besatzer unter strengster Bewachung des Gebietes Uran abbauen wollten. Wie kam es dazu?

Nach dem Abwurf der zwei Atombomben durch die Amerikaner auf Hiroshima und Nagasaki in Japan im August 1945 setzte der Wettlauf um den Besitz von Atombomben ein. Die Sowjetunion befürchtete, gegenüber den Vereinigten Staaten ins Hintertreffen zu geraten. Stalin beunruhigte das sehr. Ohne das Uran aus dem Erzgebirge hätten die Russen den atomaren Rüstungswettlauf nicht gewinnen können; denn im Raum der UdSSR gab es zu wenige ausbaufähige Uranlager.

Deutsche Arbeitskräfte wurden dringend gesucht und zwangsverpflichtet. Ihnen wurden guter Lohn und zusätzliche Lebensmittelrationen sowie alkoholische Getränke zugesagt. Obwohl man längst wusste, dass der Abbau von Uranerz durch die radioaktive Strahlung lebensgefährlich war, wurden keine Schutzmaßnahmen ergriffen. Besonders gefährlich war die Gewinnung dadurch, dass man dieses Erz im Trockenbau aus der Tiefe der Erde herausholte und sich so der Staub in den Lungen der Bergleute festsetzen konnte. Viele erkrankten. Die Rate der Krebspatienten stieg rapide an, und die Folgen wirken bis heute nach. Es gab und gibt noch viele Tote.

Auch in Sorge-Settendorf und Umgebung bis hin nach Gera und Ronneburg hatte man Uran entdeckt, und es sollte im Tagebau gefördert werden. Im Frühjahr 1951 wollte man mit dem Abbau beginnen, zunächst mit einer recht primitiven Technik. Das Gebiet wurde von der Sowjetarmee streng bewacht und mit einem drei Meter hohen Bretterzaun umgeben, der zudem noch mit Stacheldraht und Wachtürmen gesichert war. Mit Hilfe eines Schrägaufzugs, eines Verladeturms und Kippern hinter dem ehemaligen Gasthof ‚Zu den drei Grenzen' wurde das Gestein aus der Erde geholt. Schrittweise fraß sich der Tagebau in Richtung der beiden anderen Dörfer Culmitzsch und Katzendorf vorwärts.

Aber bevor mit dem Abbau des Urans begonnen werden konnte, mussten die Dörfer dem Erdboden gleichgemacht werden. Armeeoffiziere erschienen und forderten die Bewohner auf, binnen 14 Tagen ihre Häuser, Ställe und Scheunen zu räumen. Auf die Frage, wohin sie denn gehen sollten, wurde ihnen nur gesagt: ‚Sie haben doch sicher Verwandte.' Grausam und schrecklich war die Ausweisung. Ohne auch nur einen Pfennig Schadenersatz zu erhalten, mussten die Menschen ihre lieb gewordenen Stätten aufgeben. Die Deutschen waren ja die Verlierer des Krieges, und dem Volk wurden harte Maßnahmen auferlegt. Es war ungeheuer schwierig, für die Bewohner von 21 Gehöften in Sorge-Settendorf eine Bleibe zu finden, da der Ort schon durch die Flüchtlinge aus den Ostgebieten übervölkert war.

Es war auch ein großes Problem, die Pferde, Ochsen, Kühe, Schweine und das Federvieh unterzubringen. Aber der Befehl zur Räumung war mit solcher Härte und Strenge ausgesprochen worden, dass sich niemand traute, sich der Aufforderung zu widersetzen. Neun Bauern, ein Fuhrwerksbetrieb, ein Bäcker, ein Schmied mit Kolonialwarenladen sowie einige weitere Handwerker und Inhaber von kleinen Geschäften verloren mit einem Schlag ihre Existenzgrundlage. Infam war auch das Verhalten der sowjetischen Behörde einem Bauernsohn gegenüber. Als er aus der Scheune seines Vaters ein paar Balken holen wollte, um für seine Tiere einen Pferch zu bauen, wurde er mit bösen Worten abgewiesen. Er sollte sich zuerst bei der russischen Behörde eine Bescheinigung holen, für die er noch 200 Mark zahlen musste. 28 Familien mit rund 55 Erwachsenen und 26 Kindern verloren ihre Bleibe und wurden aus ihrem eigenen Gedinge vertrieben. Die Möglichkeit, gegen dieses brutale Verhalten Einspruch zu erheben, wurde den Deutschen nicht gewährt.

Aber zwei Gebäude durften stehen bleiben: die Kirche und ein Bauernhof direkt in der unmittelbaren Nähe. Das kommt heute noch einem Wunder gleich und ist einem russischen Offizier mit einem großen Herzen zuzuschreiben. Er war von den sowjetischen Behörden dazu ausersehen, das Gelände für den Bergbau abzustecken. Dabei hatte er schon öfter eine Mutter beobachtet, wie sie am Grab ihrer beiden Töchter trauerte und viele Tränen vergoss. Ihre Kinder waren kurz zuvor an der schrecklichen Krankheit Diphtherie gestorben. In dieser schweren Kriegszeit gab es für Privatpersonen keine Antibiotika, um dieses Übel zu bekämpfen. An einem Tag sprach der Offizier die Leidtragende an und fragte, warum sie so oft an den Gräbern stünde und ihren Tränen freien Lauf ließe. Die Mutter berichtete, dass sie gleich zwei ihrer noch kleinen Töchter verloren habe. Der Offizier zeigte Mitleid und steckte auf eigene Verantwortung hin die Pfähle so, dass genügend Abstand blieb und der Friedhof, die Kirche und der landwirtschaftliche Betrieb dieser Mutter vom Abriss verschont blieben." Unsere Freizeitgruppe war bewegt. Beide Gebäude und die Gräber konnte man besichtigen. Die Kirche war sogar nach der Wende wunderbar restauriert worden. Noch heute werden hier Gottesdienste abgehalten, und ich dachte bei mir: Gott ist immer noch Gott und er weiß sein Heiligtum zu bewahren. Treffend kommt dies im folgenden Lied zum Ausdruck, das Heinrich Vogel 1936 gedichtet hat:

„Der Herr wird für dich streiten,
du angstzerstörtes Heer,
und seinen Weg bereiten
dir mitten durch das Meer.
Das Eine und das Größte
ließ er an dir geschehn,
der Gott, der dich erlöste,
lässt dich nicht untergehn!
Warum willst du verzagen
vor Feindesübermacht,
als müsstest du nun schlagen
mit deiner Kraft die Schlacht?
Und ob gleich Tod und Hölle
dir unausweichlich droh'n,
er trat an deine Stelle,
des Vaters ein'ger Sohn.
Mit seinem Leib und Leben
deckt er sein Eigentum,
du darfst dich ihm nur geben,
er ist dein Heil und Ruhm!

Er ist der rechte Krieger
in Gottes großer Schlacht,
Herr Christ, du bist der Sieger,
dein Werk ist schon vollbracht!"

Wenn Mütter beten

Ich war im Allgäu zu einem Frauentag eingeladen. Nach der Bibelarbeit sah ich, dass Frau Meister (Name wurde geändert) sehr bewegt war. Tränen liefen ihr über die Wangen. Ich ging auf sie zu und fragte behutsam, ob wir nicht miteinander sprechen sollten. „Ja, Frau Bormuth, das wäre mir recht." So setzten wir uns in meinem Zimmer zusammen.

„Sie können es sich gar nicht vorstellen, mit welch bekümmertem Herzen ich zu diesem Wochenende gefahren bin. Danke, danke, dass ich mir jetzt einiges von der Seele reden kann."

Ich sagte ihr klar: „Machen Sie aus Ihrem Herzen keine Mördergrube. Packen Sie aus, was Sie belastet. Bei mir können Sie jetzt ins Unreine reden. Ich höre Ihnen gerne zu. Es tut immer gut, wenn wir der Not unseres Herzens Worte geben."

So begann sie: „Ich war so stolz auf meinen Sohn. In unserer Kirchengemeinde war er für den Pfarrer ein tüchtiger Mitarbeiter. Er half im Kindergottesdienst und lernte das

Posaunenspiel. Von ganzem Herzen wollte er Gott dienen. Als er das Abitur mit sehr guten Noten bestanden hatte, ging er nach Tübingen, um Theologie zu studieren. Die ersten Semester waren für ihn erfolgreich und er konnte die Examina in Griechisch und Hebräisch ablegen. Aber danach geriet er in eine Krise. Er wusste nicht mehr recht, ob er wirklich Pfarrer werden sollte. Die Bibelkritik hatte ihn aus der Spur geworfen und er überlegte ernsthaft, ob er nicht doch lieber Mathematik und Physik fürs Lehramt studieren sollte. Es war ein gläubiger Professor, den er in der Studentenmission bei einem Offenen Abend kennengelernt hatte, der ihn wieder auf den rechten Weg des Glaubens führte. So wurde er sich seiner Berufung zum Pfarrdienst neu gewiss.

In dieser Zeit lernte unser Alexander eine Medizinerin kennen. Sie stammte aus gutem Hause. Ihr Vater war ein hoher Beamter in Mexiko. Janina studierte auch in Tübingen. Mein Sohn war begeistert von dieser Mexikanerin und verliebte sich in sie. Wenn wir miteinander telefonierten, erzählte er mir von seiner großen Liebe. Ich bat ihn, sich die Sache reiflich zu überlegen; denn er brauche ja nicht nur eine Ehefrau an seiner Seite, sondern auch eine tüchtige Pfarrfrau im kirchlichen Dienst. Wäre Janina überhaupt bereit, später in Deutschland zu bleiben, und studierte sie nicht mit dem festen Vorsatz, sich ihrem Land, das so dringend Ärzte brauchte, als Medizinerin zur Verfügung zu stellen? Aber nichts ist schwieriger, als einem Verliebten mit Vernunftgründen zu begegnen. Seine Antwort war: ‚Mutter, darüber mache ich mir jetzt keine Sorgen. Wir lieben uns, und das ist die Hauptsache.' Es kam, wie es kommen musste. Die Beziehung der beiden vertiefte sich, und schon ein halbes Jahr später gestand mir Alexander, dass ein Kind unterwegs sei. Nach Beendigung seines Studiums wollte er Janina heiraten.

Aber es kam alles ganz anders. Die Schwangerschaft war mit vielen Problemen verbunden. Als sich der Tag der Entbindung ansagte, brachte mein Sohn Janina in die Klinik. Die Ärzte machten ein bekümmertes Gesicht und stellten Nierenversagen fest. Das Kind, ein kleines Mädchen, wurde lebend geboren; aber Janina starb an einer Eklampsie. Alexander stand fassungslos an ihrem Bett und konnte nicht begreifen, dass seine Freundin tot war. Ich fuhr sofort nach Tübingen, um meinem Sohn in seiner Not beizustehen. Er war untröstlich. Mir war klar, dass ich mich jetzt um das hübsche, süße, dunkelhäutige Mädchen kümmern müsste. Alexander war erleichtert, als ich mich anbot, das Baby zu uns nach Hause zu nehmen. Natürlich wurde die kleine Josephine zum Dorfgespräch, und manchmal war mir zumute, als müsste ich Spießruten laufen, wenn ich mit dem Baby in den Supermarkt zum Einkaufen fuhr. Aber ich übersah die spöttischen Blicke und hörte nicht auf das lästerliche Reden hinter unserem Rücken. Ich liebte den kleinen Schatz und freute mich über seine gute Entwicklung.

So wuchs Josephine zu einem strahlenden Teenager heran. Sie war wirklich eine Schönheit und hatte Augen wie Perlen. Gewiss hatte sie es nicht leicht. Den Ausländerhass hat auch sie zweimal erfahren müssen. Einmal hat man ihr auf dem Heimweg von der Schule Farbe über ihren Anorak gegossen, das andere Mal wurde sie so schlimm gestoßen, dass sie stürzte und sich den Arm brach. Wir in der Familie standen zu Josephine und trösteten sie. Wir erstatteten Anzeige, und der Schuldige wurde zur Rechenschaft gezogen.

Inzwischen hatte Alexander sein zweites theologisches Examen bestanden und bekam eine Pfarrstelle in einem Vorort von Dresden. Natürlich hielt er jetzt Ausschau nach einer Partnerin. Nun geschah das für mich so Tragische. Er verliebte sich in eine verheiratete Frau, deren Ehe unglücklich war, und nahm sie bei sich im Pfarrhaus auf. Die Wellen im Ort schlugen hoch. Ein Pfarrer lebt mit einer Frau zusammen, die gar nicht mit ihm verheiratet ist! Das geht doch nicht! In einem Disziplinarverfahren wurde er von der Kirchenleitung in den Wartestand versetzt. Sie können es sich vorstellen, dass mich diese Situation stark bedrängt. Wir gehören zur Landeskirchlichen Gemeinschaft, und natürlich hat sich dies auch in unserem Dorf herumgesprochen, dass Alexander seinen Dienst nicht mehr wahrnehmen kann. Mich bekümmert dies alles sehr. Oft kann ich nachts nicht schlafen und frage mich, was ich denn noch alles auf mich nehmen soll. Ich bete, ich weine, ja, ich bin verzweifelt und sehe noch keine Lösung dieses Problems. Oft bin ich auch in Sorge um Josephine. Es fehlt ihr der rechte Zugang zum Bibelkreis in unserem Ort. Sie wird es auch wegen ihrer dunklen Hautfarbe schwer haben, nach dem Schulabschluss einen guten Ausbildungsplatz zu bekommen. Sie sehen, ich bin am Ende und weiß nicht, wie ich die Konflikte bewältigen soll."

„Frau Meister, ich kenne es aus eigenem Erleben, wie schwer es ist, bis Kinder zum Glauben an den lebendigen Gott finden. In ihrer Jugend gewinnen sie manchmal den Eindruck, zu kurz zu kommen, und wollen alles ausprobieren, was das Leben bietet. Dabei können sie auch in Gefahr geraten. Aber das soll Ihnen Mut machen, dass Sie in der Stunde, als Josephine ihre Mutter verloren hat, das Richtige getan haben. Sie haben diesem Kind Ihre Liebe und auch Ihre Gebete zugewendet. Damit haben Sie für Ihre Enkeltochter einen guten Grund für ihr Leben gelegt. Aber das Wichtigste, nämlich die Hinführung eines Menschen zu Christus, ist uns aus den Händen genommen. Martin Luther hat einen treffenden Ausspruch getan: ‚Wir können unsere Kinder nicht bekehren, das hat sich allein Gott vorbehalten. Aber wir können sie lieben, ihnen viel Gutes tun und sie so ansehen, als wären sie schon die allerbesten Christen. Alles andere wollen wir Gott überlassen.' Leben Sie aus dem Glauben heraus und sagen Sie Ihren Sorgen Ade! Die Bibel lehrt uns, alle Kümmernisse auf Gott zu werfen. Nur so schaffen Sie eine fröhliche Atmosphäre in Ihrem Haus. Ihre Gebete sind nicht verloren. Der Zeitpunkt, wann Gott sie einlöst, müssen Sie ihm überlassen. Aber er wird es tun. Auch die Not mit Alexander müssen Sie nicht auf Ihre Schultern packen, sonst zerbrechen Sie daran. Machen Sie ihm auch keine Vorwürfe. Das würde nur dazu führen, dass er sich von Ihnen entfernt. Er kennt Ihre Haltung und weiß selbst, dass sein Handeln nicht recht ist. Beten Sie, dass er verständnisvolle, liebe Freunde findet, die ihn gut beraten und ihm zur Seite stehen.

Nun wollen wir noch das Beste tun, nämlich unsere Hände falten und alles vor Gott bringen. Er hat gesagt: ‚Ich will mich meiner Herde selbst annehmen.' Darin liegt für uns die Hilfe und das Heil. Welch ein Vorrecht ist es doch, wenn wir sicher in den Armen Jesu ruhen dürfen."

Steffi ist wertvoll

Bei Steffi wollte ich nach der Abendandacht kurz hereinschauen und ihr „Gute Nacht“ sagen. In unserer Freizeitgruppe, die zumeist aus älteren Teilnehmern bestand, war sie die Jüngste. Würde sie sich in unserem Kreis wohlfühlen? Ich hatte so meine Bedenken und beschloss, mich besonders um das junge Mädchen zu kümmern. So klopfte ich an ihre Tür. „Ach, wie gut, dass Sie kommen, Frau Bormuth. Ich hatte schon überlegt, ob ich nicht mal mit Ihnen reden könnte.“ So zogen wir unsere Anoraks über und gingen in den Park. Es war ein wunderschöner Sommerabend und am Himmel blinkten schon die ersten Sterne. Unter einer mächtigen Linde setzten wir uns auf eine Bank und Steffi begann:

„An meiner Hautfarbe erkennen Sie, dass ich als Mischling geboren wurde. Mein Vater ist Vietnamese – er hat sogar noch afrikanisches Blut in seinen Adern – und meine Mutter stammt von den Philippinen. Beide Eltern haben in Leipzig Medizin studiert, sich hier kennen und lieben gelernt und nach bestandenem Examen geheiratet. Dann wurde ich geboren. Leider war die Ehe nicht sehr glücklich. Es gab viel Streit. Meine Mutter litt auch schrecklich unter Heimweh. Sie vertrug die Kälte nicht und wurde im Winter immer krank. Mein Vater riet ihr, in die Heimat zu fliegen und sich auskurieren zu lassen, was sie auch tat. Aber sie kehrte dann nicht mehr in die DDR zurück. So entfremdeten sich beide mehr und mehr. Vater fuhr noch einmal zu ihr, um sie dazu zu bewegen, nach Leipzig zurückzukommen, wo er eine feste Anstellung als Chirurg gefunden hatte. Aber zu diesem Schritt ließ sie sich nicht überreden. Wahrscheinlich spielte ein Verwandter eine Rolle, der ein Auge auf meine hübsche Mutter geworfen hatte und sie nach der Scheidung von meinem Vater auch geheiratet hat. Ich habe als kleines Kind sehr unter der Trennung meiner Eltern gelitten. Aber mein Vater wollte mich unbedingt behalten – er hatte ja auch das Sorgerecht für mich. So blieb ich in der schönen Stadt Leipzig und kam zu einer Pflegemutter. Frau Münstermann liebte mich wie ihr eigenes Kind. Natürlich merkte ich, dass mein Vater, wenn er mich besuchte, auch nachts dablieb und eine enge Beziehung zu meiner Pflegemutter entwickelte. Die beiden heirateten sogar, und es wurde ein wunderschönes Fest gefeiert.

Nach meinem Schulabschluss sollte ich die Krankenpflege lernen, aber dieser Beruf stellte zu hohe Anforderungen an mich. Das Lernen machte mir Schwierigkeiten, und ich hatte auch Not, wenn uns ein Patient unter den Händen starb. Dann konnte ich nachts nicht schlafen. Sein Tod ging mir zu nahe. Psychisch litt ich sehr. Ich suchte einen Nervenarzt auf. Er schrieb mich krank und riet mir, mich über einen längeren Zeitraum hinweg in einer Kurklinik zu erholen. Depressionen hatte er bei mir diagnostiziert. Diese acht Wochen Fehlzeit hatten zur Folge, dass ich in der Krankenpflegeschule viel verpasste. Ich war auch nicht sonderlich begabt und hätte den Unterrichtsstoff nicht aufholen können. Mein Psychiater und auch mein Vater rieten mir, eine Arbeit anzufangen, die nicht so hohe Anforderungen an mich stellte. In einem Altenheim fand ich einen Job als Küchenhilfe. Diese Aufgabe gefiel mir sehr gut, und noch heute arbeite ich dort. Kochen habe ich zu meinem Hobby erwählt, und manchmal darf ich auch selbstständig ein Essen zubereiten. Wenn ich dann von den Heimbewohnern gelobt werde, tut mir dies gut. Sie müssen wissen, dass mein Selbstwertgefühl stark angeknackst ist. Ich denke, das hängt auch mit den vielfachen Belastungen in meiner Kindheit zusammen. Die Ehekonflikte meiner Eltern und ihre ständigen Streitereien haben bei mir Spuren hinterlassen. Als mich dann meine Mutter ganz allein ließ und in ihrer Heimat blieb, fühlte ich mich, als sei ich in ein tiefes, dunkles Loch gefallen. Alle anderen Kinder im Hort hatten eine Mutti, nur ich nicht. Warum hat man mir das angetan? Es war ein Gottesgeschenk, dass mich Frau Münstermann wunderbar versorgte und mein Vater diese Frau auch heiratete. Ich weiß noch, wie ich an einem Montagmorgen in meinen Kindergarten kam und fröhlich ausrief: ‚Hallo, ich habe wieder eine Mutti!'

Wenn auch dieses Problem der jahrelangen Mutterlosigkeit überwunden war, so kamen neue Schwierigkeiten auf mich zu. Meine dunkelhäutige Erscheinung lässt keinen Zweifel zu, dass ich eine Ausländerin bin. Zweimal schon wurde ich verhöhnt, angespuckt, angegriffen und mit Stöcken geschlagen. Das macht mir natürlich Angst, und ich frage mich, wie lange solche schrecklichen Übergriffe von Rechtsradikalen in den Neuen Bundesländern geduldet werden. Deutschland ist doch ein freies Land. Neulich war ich auf dem Frankfurter Flughafen und habe mehr Portugiesisch, Suaheli, Englisch, Französisch und Türkisch gehört als Deutsch. Warum können wir nicht im Frieden nebeneinander leben? Mich bringen diese Übergriffe in schreckliche Nöte, und ich fühle mich minderwertig. Das wirkt sich sogar schon auf meinen Gang aus. Meist halte ich den Kopf nach unten gesenkt, anstatt aufrecht zu gehen. Auf meinem Weg ins Altersheim habe ich schon mehrmals die Straßenseite gewechselt, wenn mir ein paar junge Kerle entgegengekommen sind. Diese Angst vor brutalen Übergriffen macht mich regelrecht krank. Bisher bin ich vor Schlimmerem verschont worden, und wenn es dunkel ist, wage ich mich überhaupt nicht allein auf die Straße. Spielt es denn für den Wert eines Menschen solch große Rolle, ob seine Haut schwarz, braun oder weiß ist? Leben will ich, mein Bestes im Beruf geben und selbst einmal eine Familie haben, eine heile Familie. Aber das werde ich wohl nicht schaffen. Übrigens gibt es mehr dunkelhäutige Menschen auf der Welt als weiße.

Neulich ist meine Mitbewohnerin aus der WG ausgezogen. Zwei Jahre haben wir uns die Mansarde geteilt. Jeder hatte ein schönes, geräumiges Zimmer, Bad und Küche haben wir gemeinsam benutzt. Mary war in ihrem Verhalten schwierig, hat kaum einmal ein längeres, vernünftiges Gespräch mit mir geführt, und mit der Ordnung hielt sie es auch nicht so genau. Wenn sie sich mittags etwas gekocht hatte, dann standen die schmutzigen Teller und die angebrannten Töpfe am Abend noch in der Spüle. Das Putzen von Treppe, Küche und Bad vergaß sie meist, auch wenn sie an der Reihe war. Sie arbeitete in einem Getränkegroßmarkt. Vor sechs Wochen ist sie einfach ausgezogen, ohne die Kündigungsfrist zu beachten. Sie forderte mich auf, ihren Mietanteil zu übernehmen, ich könnte ja, solange kein neuer Bewohner einzieht, ihre Räumlichkeiten mitbenutzen. Als ich ihr erklärte, dass mir das nicht möglich sei, rastete sie aus.

Noch nie habe ich sie so wütend erlebt.

‚Kein Schwein und keine Sau liebt dich!', schrie sie mich an. ‚Von dir kann man überhaupt kein Entgegenkommen erwarten. Ich bin froh, dass ich deine braune, picklige Visage nicht länger sehen muss!'

Dieser Gefühlsausbruch hat mich tief verletzt. Ich frage mich zu Recht: Liebt mich denn keiner? Bin ich denn für die anderen nur ein Scheusal? Sie sehen, Frau Bormuth, wie schlimm verwundet ich bin. Um meinen Schmerz zu verkraften, habe ich angefangen, mich mit Alkohol zu beruhigen. Ich will damit meine Probleme verdrängen. Dabei sagt mir mein Gewissen, dass ich mich auf eine gefährliche Spur begebe. Ich kenne Menschen in meiner Umgebung, die zu Alkoholikern geworden sind. Was soll ich bloß tun?"

Ich selbst musste mich nach diesem Gespräch fragen: Wie wertvoll ist der Mensch? Woran kann man seine Würde festmachen? Dabei fiel mir das Beispiel Jesu ein, das er seinen Zuhörern in der Bergpredigt erzählte. Er wollte den Menschen deutlich machen, worauf es im Leben ankam. Er bat sie, auf die Vögel zu achten und sie zu beobachten, und sagte ihnen: „Sehet die Vögel unter dem

Himmel! Sie säen nicht, sie ernten nicht, sie sammeln nicht in die Scheunen, und euer himmlischer Vater nährt sie doch. Seid ihr nicht viel mehr denn sie?"

An Steffi gerichtet sagte ich: „Es gibt so viele Hässlichkeiten, Gemeinheiten, Angstvolles in unserem Dasein. Menschen können zu Bestien werden und andere in die Verzweiflung treiben. Es ist schon schmerzhaft, nicht geliebt, von der eigenen Mutter verlassen und von Fremden unterdrückt zu werden. Aber wir haben einen liebenden Vater im Himmel, der uns nie aus den Augen verliert. So sagt es die Heilige Schrift. Er will uns leiten, uns auch durch die dunklen Täler des Lebens führen und uns allezeit beistehen. In unserem Ort planen wir eine Evangelisation mit Dr. Theo Lehmann. Sie soll unter dem Motto stehen: Gott will alle! Darin liegt unser Orientierungspunkt, dass wir wissen können, wo wir unser Selbstwertgefühl festmachen können. Der Mensch braucht nicht den Alkohol als Tröster. Er würde ihn nur bei übermäßigem Genuss ins Unglück stürzen. Es ist allein die Nähe unseres Heilandes, der durch sein Kommen in diese Welt gezeigt hat, wie bedeutungsvoll wir für ihn sind. Er liebt uns und setzt sogar sein Leben für uns aufs Spiel, damit wir auf ewig mit Gott versöhnt sein können. Das ist Glück. Ja, er hat uns sogar die Tür in Gottes neue Welt aufgestoßen und gibt uns nicht dem Tode preis. Ewiges Leben ist uns verheißen."

Das, und noch vieles mehr, erzählte ich Steffi, und dann falteten wir unsere Hände zum Gebet. Inzwischen war es draußen ganz dunkel geworden; aber am Himmel strahlten und glänzten viele Sterne, als wollten sie uns deutlich machen, welch einen starken und wunderbaren Gott wir haben.

Weitere Bücher von Lotte Bormuth

Heute muss ich Albert heißen
und andere wunderbare Geschichten
Bestell-Nr. 331 150
ISBN 978-3-86827-150-8
176 Seiten, kartoniert

In 28 wunderbaren Geschichten erzählt Lotte Bormuth aus ihrem Leben.
Ob es dabei um den kleinen Albert oder den großen Emil von Behring geht – immer findet sie die Segensfrüchte, die Gott für sie und andere wachsen ließ. Und ob diese Früchte eher herb schmecken oder eher honigsüß, spielt kaum eine Rolle – dieses neue Buch der Erfolgsautorin verwandelt alles in reine Vitamine. In Aufbaustoffe für einen festen und vertrauensvollen Glauben.
Lassen Sie es sich schmecken!

Ein Blumenstrauß voll Leben
Bestell-Nr. 331 072
ISBN 978-3-86827-072-3
96 Seiten, gebunden

Lotte Bormuth ist eine erfahrene Fährtenleserin. In 75 bewegten Lebensjahren hat sie es wie keine andere gelernt, den Segensspuren Gottes im Leben seiner Kinder nachzugehen.
Die besonders schönen, lustigen und ergreifenden Fährten finden Sie in diesem attraktiven Sammelband zusammengestellt. Geschichten, die dazu anregen, über Gottes Wirken im eigenen Leben nachzudenken.

Ich habe immer an meine Rettung geglaubt
Wahre Geschichten
Bestell-Nr. 331069
ISBN 978-3-86827-069-3
256 Seiten, gebunden

Heute ist nicht mein Tag – oder doch? Über drei Wochen fühle ich mich schon elend. „Gott, lass doch diesen missmutigen Tag nur schnell vorübergehen und bewahre mich davor, dass ich meinen Mann mit meiner üblen Stimmung beschwere. Und was würden meine Leserinnen sagen, wenn sie mich jetzt so schlecht gelaunt sähen?"
Dann klingelt das Telefon. „Frau Bormuth, ich habe mir 2 Ihrer Bücher gekauft und bis in die Nacht hinein gelesen. Sie sind mir im Glauben ein rechtes Vorbild. Wie vielen Menschen haben Sie schon geholfen..."
Es ist ein langes, intensives Gespräch an diesem Morgen. Gott schenkt mir Weisheit und tröstende, ermutigende Worte.
„Sie werden gebraucht", hat die Anruferin zu mir gesagt. Das ist eine wunderbare Ermutigung.
Ich entschuldige mich bei meinem Mann für meine Launenhaftigkeit. Er aber nimmt mich in den Arm. „Lotte, es wird alles wieder gut. Ich werde eine gute Suppe für uns kochen. Die schlimmste Zeit der Krankheit ist überstanden. Du musst jetzt etwas Kräftiges essen."